AF206798

Impressum
Verlag: BABADADA GmbH, Nedderfeld 112 , 22529 Hamburg
Geschäftsführer / Verlagsleitung: Harald Hof
Druck: Books on Demand GmbH, In de Tarpen 42, 22848 Norderstedt

Imprint
Publisher: BABADADA GmbH, Nedderfeld 112 , 22529 Hamburg, Germany
Managing Director / Publishing direction: Harald Hof
Print: Books on Demand GmbH, In de Tarpen 42, 22848 Norderstedt, Germany

школа

ቤት-ትምህርቲ

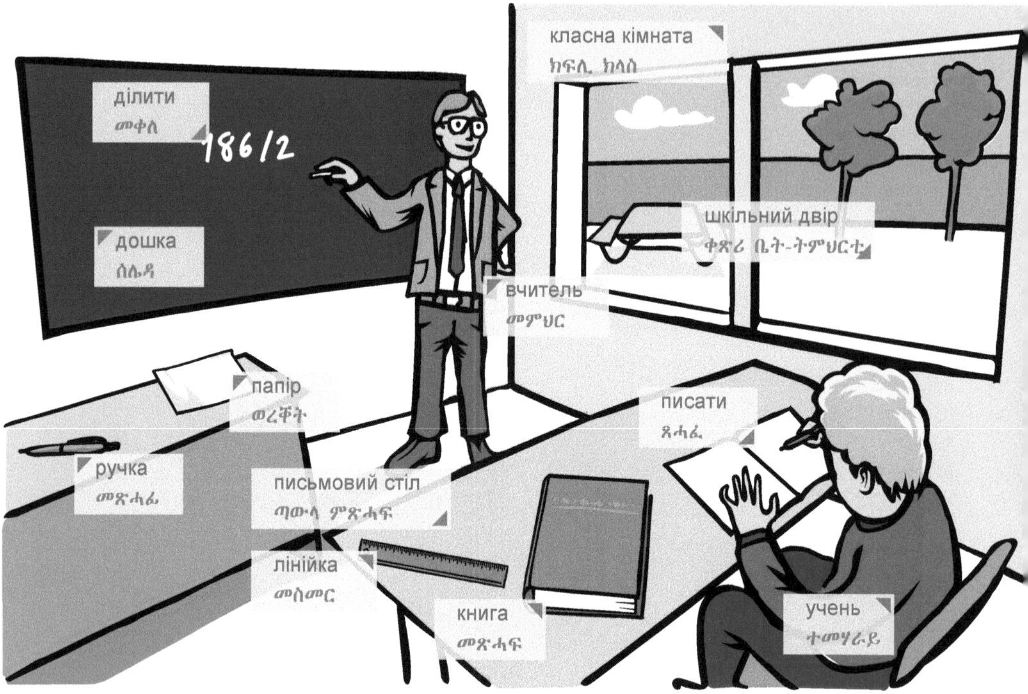

класна кімната
ክፍሊ ክላስ
ділити
መቐለ
186/2
дошка
ሰሌዳ
вчитель
መምህር
шкільний двір
ቀጽሪ ቤት-ትምህርቲ
папір
ወረቐት
писати
ጸሓፈ
ручка
መጽሓፊ
письмовий стіл
ጣውላ ምጽሓፍ
лінійка
መስመር
книга
መጽሓፍ
учень
ተመሃራይ

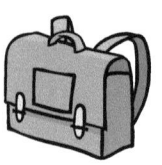

ранець

ሳንጣ ትምህርቲ

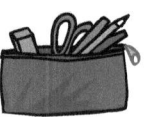

пенал

ሰፈር ብርዒ

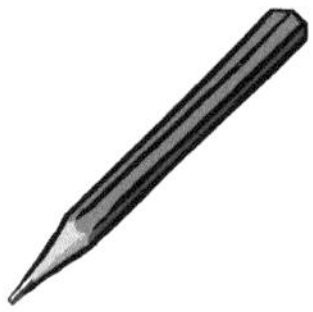

олівець

ርሳስ

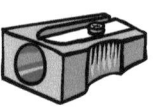

точило

መብልሒ ርሳስ

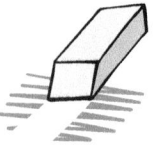

гумка

መደምሰሲ

альбом для малювання

ጥራዝ ስእሊ

малюнок

ስእሊ

пензель

ብርዒ ቀለም

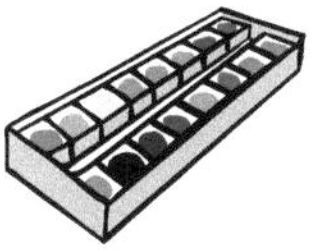

коробка фарб

ቦክስ ቀለም

ножиці

መቐስ

клей

መጣበቒ

зошит

ጥራዝ መላመዲ

домашнє завдання

ዕዮ ገዛ

число

ቁጽሪ

додавати

ወሰኸ

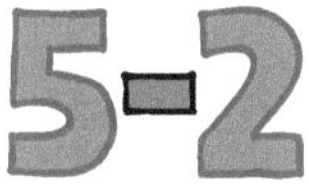

віднімати

ጎደለ

множити

ረብሐ

рахувати

ደመረ

літера

ፊደል

абетка

ስርዓት ፊደላት

слово

ቃል

текст

ጽሑፍ

читати

አንበበ

крейда

ኩርሽ

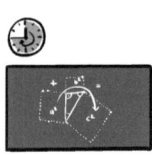

година

ሰዓት

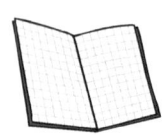

класний журнал

መዝገብ ክላስ

екзамен

መርመራ

диплом

ሰርቲፊከት

шкільна форма

ድቢዛ ቤት-ትምህርቲ

освіта

ትምህርቲ

лексикон

ለክሲኮን

університет

ዩኒቨርሲቲ

мікроскоп

ሚክሮስኮፕ

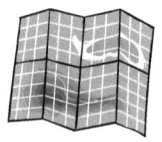

карта

ካርታ

кошик для паперу

ጎሓፍ ወረቐት

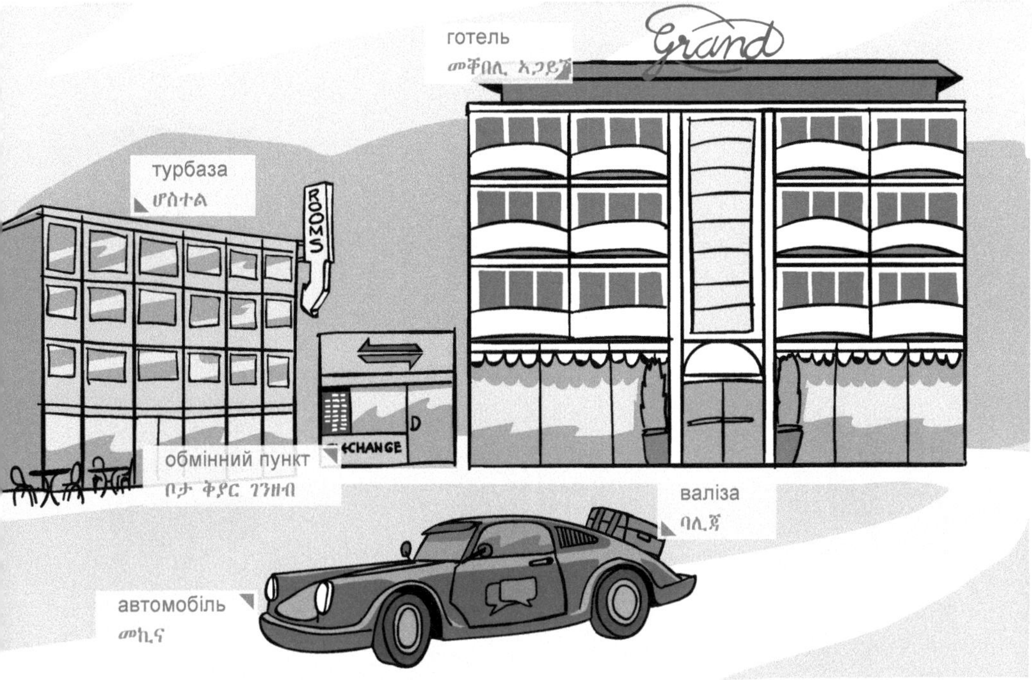

Grand
ROOMS
€CHANGE
готель
መቕበሊ ኣጋይሽ
турбаза
ሆስተል
обмінний пункт
ቦታ ቅያር ገንዘብ
валіза
ባሊጃ
автомобіль
መኪና

мова

ቋንቋ

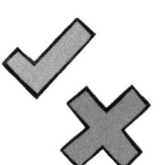

так / ні

እወ / ኖ

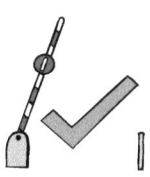

добре

ሕራይ

привіт

ሰላም

перекладач

ኣስተርጓሚ

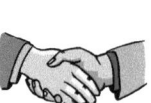

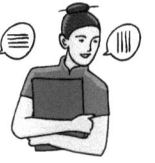

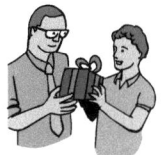

дякую

የቐንየለይ

Скільки коштує ...?

. . . ክንደይ ዋግኡ?

Я не розумію

ኣይተረድኣኹን

проблема

ሽግር

Добрий вечір!

ሰላም ምሸት!

Доброго ранку!

ከመይ ሓዲርካ

На добраніч!

ሰላም ለይቲ

До побачення

ደሓን ኩን

напрямок

ኣንፈት

багаж

ጉዕዞ

сумка

ሳንጣ

рюкзак

ሳንጣ ሕቖ

гість

ጋሻ

кімната

ክፍሊ.

спальний мішок

ክሻ መደቀሲ.

намет

ቴንዳ

туристична інформація

ሓበሬታ በጻሕቲ ሃገር

пляж

ገምገም ባሕሪ

кредитна картка

ክረዲት ካርድ

сніданок

ቁርሲ

обід

ምሳሕ

вечеря

ድራር

квиток

ቲከት

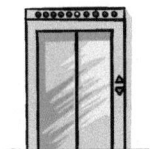

ліфт

ሊፍት

поштова марка

ማሕተም ደብዳበ

межа

ዶብ

митниця

ድንና

посольство

ኣምበሲ

віза

ቪዛ

паспорт

ፓስፖርት

транспорт

መጓዓዝያ

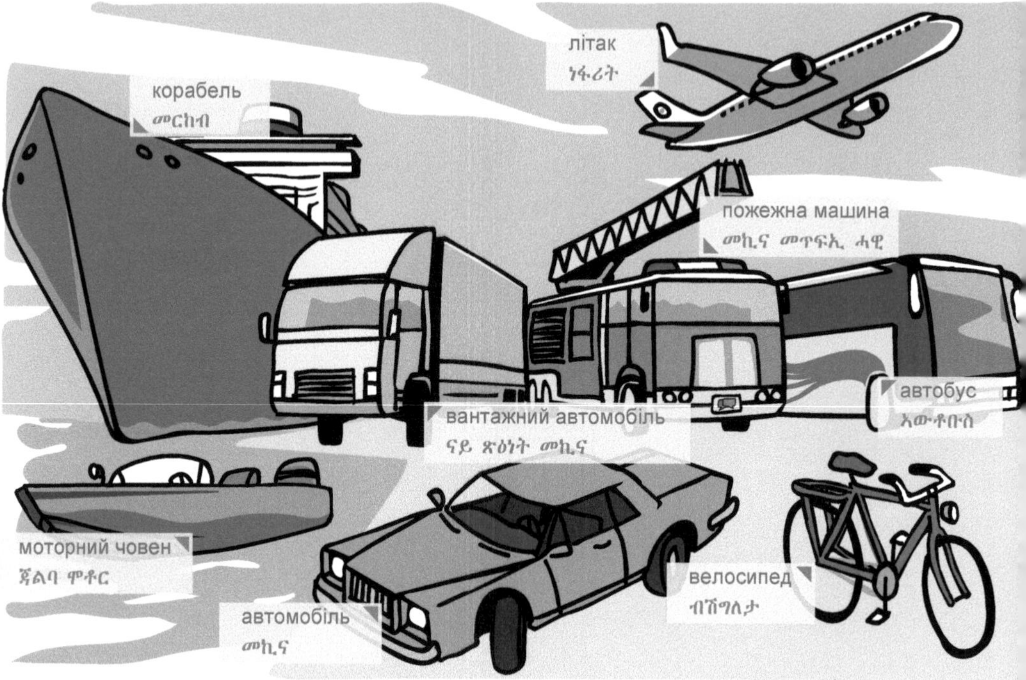

літак
ነፋሪት
корабель
መርከብ
пожежна машина
መኪና መጥፍኢ ሓዊ
вантажний автомобіль
ናይ ጽዕነት መኪና
автобус
ኣውቶቡስ
моторний човен
ጃልባ ሞቶር
автомобіль
መኪና
велосипед
ብሽግለታ

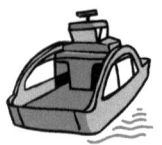

пором

ፈሪ

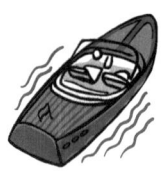

човен

ጃልባ

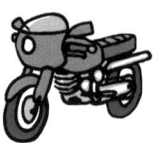

мотоцикл

ሞቶ

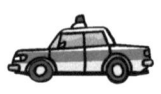

поліцейська машина

መኪና ፖሊስ

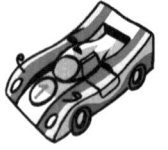

гоночний автомобіль

መኪና ቅድድም

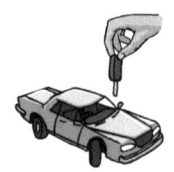

автомобіль на прокат

ክራይ መኪና

спільне користування авто

ምውፋይ መካይን

евакуатор

መወሰዲ መኪና

сміттєвоз

መኪና ጎሓፍ

двигун

ሞቶር

паливо

ነዳዲ

автозаправна станція

እንዳ ነዳዲ

дорожній знак

ምልክት ትራፊክ

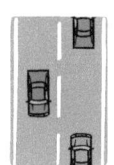

рух

ትራፊክ

затор

ምጽቅጫቅ ትራፊክ

стоянка

መዐሸጊ መኪና

вокзал

መዕረፊ ባቡር

рейки

ሓዲግ

потяг

ባቡር

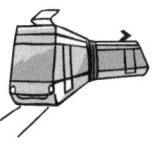

трамвай

ትረም

вагон

ባጎኒ

гелікоптер

ሄሊኮፕተር

аеропорт

መዓረፈ ነፈርቲ

вежа

ታወር

пасажир

ተጓዢ

контейнер

ኮንተይነር

коробка

ሳንዱቅ ካርቶን

візок

ኮርሳ ጽዕነት

кошик

ዘንቢል

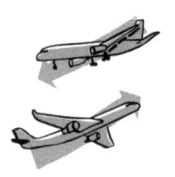

стартувати / приземлятися

ተበገሰ / ዓለበ

МІСТО

ከተማ

село

ቀሽት

центр міста

ማእከል ከተማ

дім

ገዛ

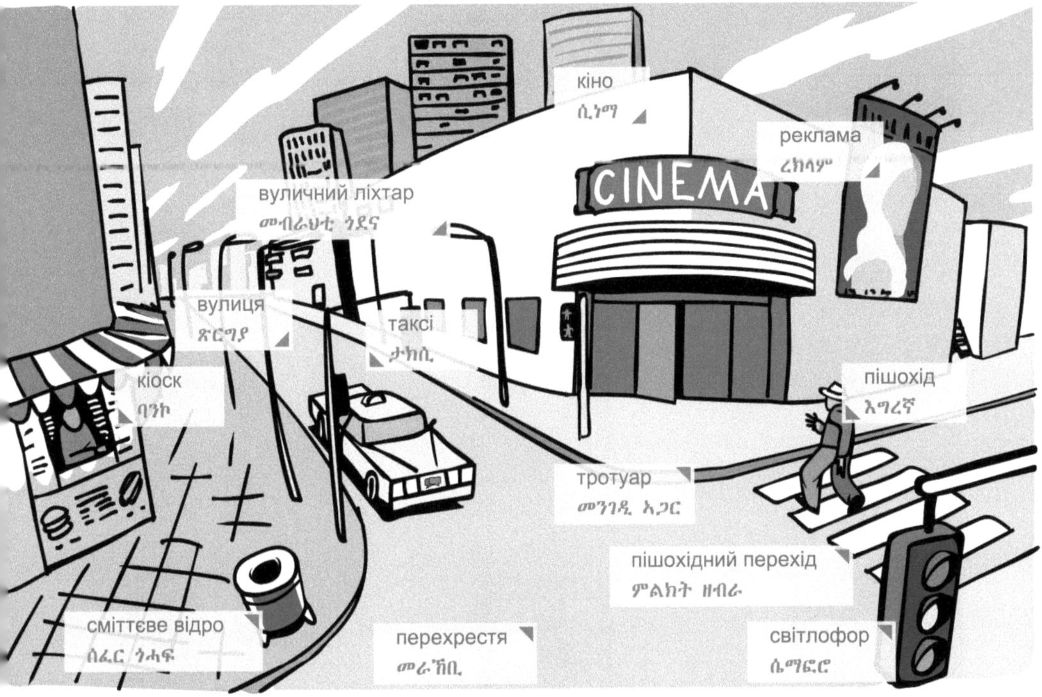

кіно
ሲነማ

реклама
ረክላም

вуличний ліхтар
መብራህቲ ጎደና

вулиця
ጽርግያ

таксі
ታክሲ

пішохід
እግረኛ

кіоск
ባንኮ

тротуар
መንገዲ እግር

пішохідний перехід
ምልክት ዘብራ

сміттєве відро
ሰፈር ጎሓፍ

перехрестя
መራኸቢ

світлофор
ሴማፎር

хатина

አጕዶ

квартира

አፓርትመንት

вокзал

መዕረፊ ባቡር

ратуша

ቤት ምምሕዳር

музей

ቤተ መዘክር

школа

ቤት-ትምህርቲ

місто - ከተማ

університет

ዩኒቨርሲቲ

банк

ባንክ

лікарня

ሆስፒታል

готель

መቐበሊ ኣጋይሽ

аптека

ቤት መድሃኒት

офіс

ቤት ጽሕፈት

книжковий магазин

ዱኳን መጽሓፍቲ

магазин

ዱኳን

квітковий магазин

ዱኳን ዕንባባ

супермаркет

ሱፐርማርከት

ринок

ዕዳጋ

універмаг

ሹቅ

торговець рибою

ነጋዳይ ዓሳ

торговельний центр

ሹቅ

гавань

መርሳ

парк

መዝናኛ,

лава

ባንኪ,

міст

ድልድል

сходи

መደያይቦ

метро

ባቡር ትሕቲ ምድሪ

тунель

ቢንቾ

автобусна зупинка

መዕረፊ, ኣውቶቡስ

бар

ቤት መስተ

ресторан

ቤት-መግቢ,

поштова скринька

ስታሪት

вулична табличка

ታቤላ

лічильник паркування

ሰንት ፓርኪንግ

зоопарк

መካነ እንስሳታት

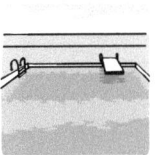

басейн

መሓምበሲ,

мечеть

መስጊድ

ферма

ቤት ሕርሻ

забруднення навколишнього середовища

ብክለ

кладовище

መቃብር

церква

ቤተክርስቲያን

дитячий майданчик

በታ ምጽዋት

храм

ቤት መቅደስ

ландшафт

ስእሊ መሬት

листок
ኣቝጽልቲ

вказівний стовп
መሕበሪ መገዲ

шлях
መገዲ

луг
ሸኻ

мандрівник
ኮብላሊ

камінь
እምኒ

дерево
ኣግራብ

річка
ፈለግ

трава
ሰዓሪ

квітка
ዕንባባ

долина

ስንጭሮ

гора

ጎቦ

озеро

ቀላይ

ліс

ዱር

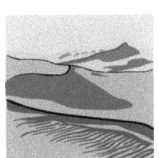

пустеля

ምድረ በዳ

вулкан

እሳተ-ጎመራ

замок

ግምቢ

веселка

ቀስተ-ደመና

гриб

ቃንጥሻ

пальма

ዓርኮብኮባይ

комар

ጣንጡ

муха

ሃመማ

мурашка

ጻጸ

бджола

ንህቢ

павук

ሳሬት

жук

ሕንዚዝ

жаба

ዕንቅርያብ

вивірка

ምጽጹላይ

їжак

ቅንፍዝ

заєць

ማንቲለ

сова

ጉንጓ

птах

ጭሩ

лебідь

ስዋን

кабан

መፍለስ

олень

ዓጋዘን

лось

ሙስ

гребля

ግድብ

вітряк

ተርባይን ንፋስ

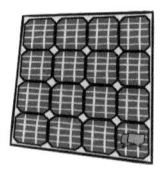

сонячний модуль

ሶላር ስርሓት

клімат

ኩነታት ኣየር

ресторан

ቤት-መግቢ

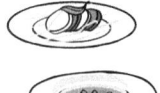

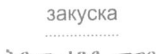

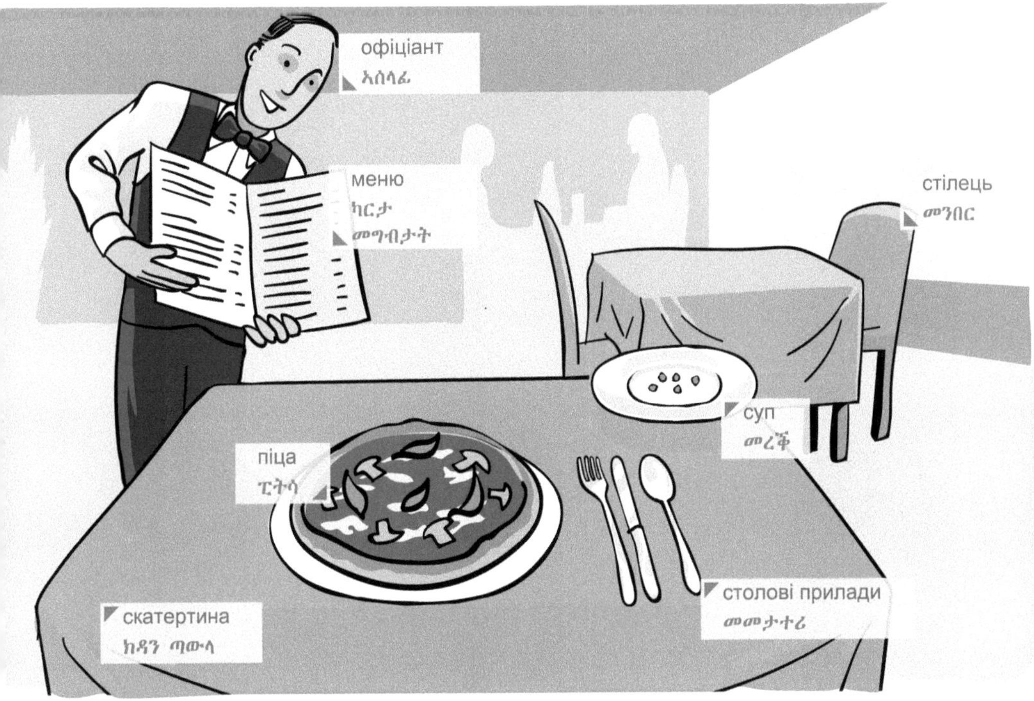

офіціант
ኣስላፊ
меню
ካርታ
መግብታት
стілець
መንበር
суп
መረቕ
піца
ፒትሳ
столові прилади
መመታተሪ
скатертина
ክዳን ጣውላ

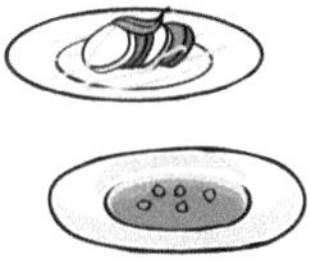

закуска

ቅድመ ቀንዲ መግቢ

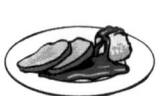

друга страва

ቀንዲ መኣዲ

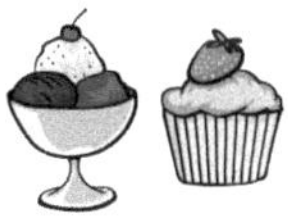

десерт

ድሕሪ መግቢ

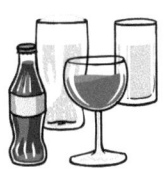

напої

መስተ

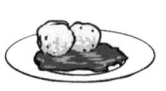

їжа

መግቢ

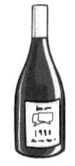

пляшка

ጥርሙዝ

фаст-фуд

ስሉጥ መግቢ

вулична їжа

መግቢ ጽርግያ

чайник

ብርጭቆ ሻሂ

цукорниця

ታኒካ ሽኮር

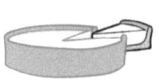

порція

ክፋል

еспресо-машина

ማሺን ኤስፕሬሶ

високий стільчик

ነዊሕ መንበር

рахунок

ጸብጻብ

піднос

ታብለት

ніж

ካራ

вилка

ፋርከታ

ложка

ማንካ

чайна ложка

ማንካ ሻሂ

серветка

ሰርቪየተ

склянка

ብኬሪ

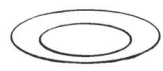

тарілка

ሸሓኒ

тарілка для супу

ሸሓኒ መረቅ

блюдце

ትሕቲ ኩባያ

соус

ጸብሒ

солонка

ወሃቢ ጨው

млин для перцю

መጥሓን በርበረ

оцет

አቾቶ

масло

ዘይቲ

спеції

ቀመም

кетчуп

ከቻፕ

гірчиця

አድሪ

майонез

ማዮኔዝ

супермаркет

ሱፐርማርክት

пропозиція
ወፈያ
FOR
клієнт
ዓሚል
молочні продукти
ፍርያታት ጸባ
фрукти
ፍረታት
візок для покупок
ሰረገላ ዱኳን

BUTCHERS

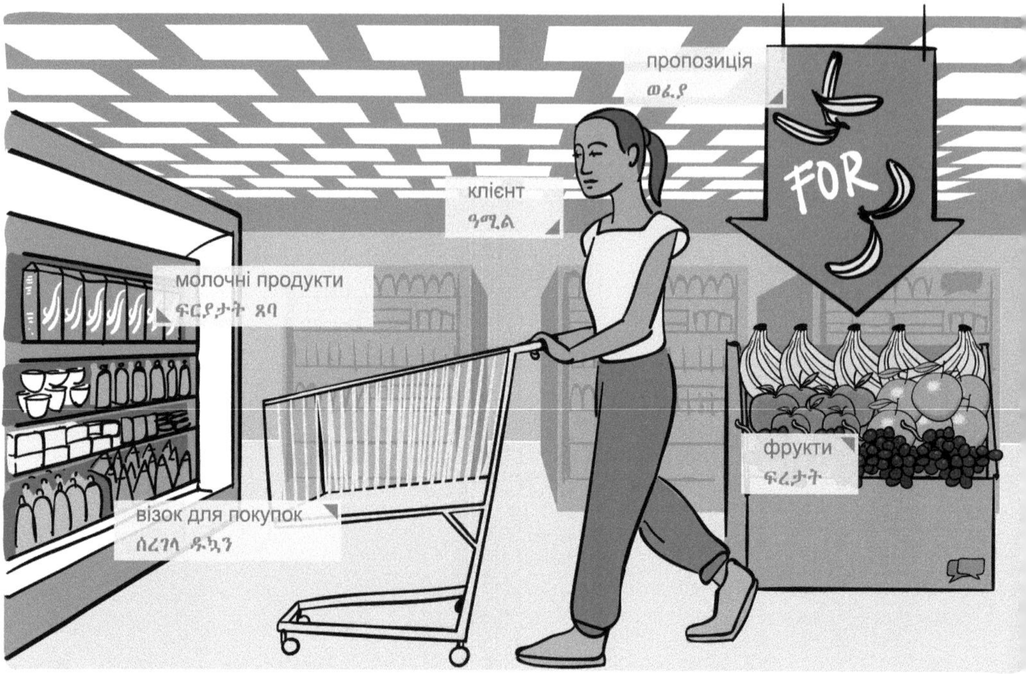

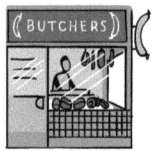

м'ясний магазин

እንዳ ስጋ

BAKERY

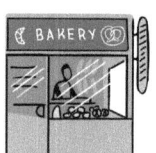

пекарня

እንዳ ባኒ

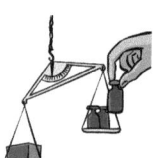

зважувати

ክብደት

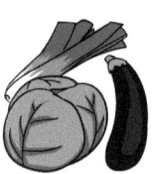

овочі

ኣሕምልቲ

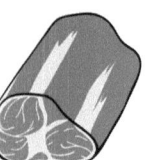

м'ясо

ስጋ

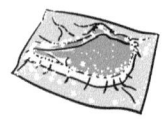

заморожені продукти

መግቢ, ፍሪጅ በረድ

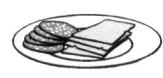

ковбасна нарізка

ዝሑል ቅሩብ መግቢ

консерви

እስታላ

пральний порошок

ኦሞ

солодощі

ምቁር መግቢ

предмети домашнього побуту

ዘቤታውያን ኣቕሑ

мийний засіб

ናውቲ መጸረዪ

продавщиця

ሸቃጣይ

каса

ካሳ

касир

ተሓዝ ገንዘብ

список покупок

ዝርዝር ምግዛእ

часи роботи

ክፉት ሰዓታት

гаманець

ማሕፉዳ

кредитна картка

ክረዲት ካርድ

сумка

ሳንጣ

поліетиленовий пакет

ፌስታል

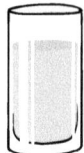

вода

ማይ

сік

ጽማቝ

молоко

ጸባ

кола

ኮላ

вино

ነቢት

пиво

ቢራ

алкоголь

አልኮል

какао

ካካው

чай

ሻሂ

кава

ቡን

еспресо

ኤስፕረሶ

капучіно

ካፑቺኖ

банан

ባናና

яблуко

ቱፋሕ

апельсин

ኣራንኺ

кавун

ብርጭቆ

лимон

ለሚን

морква

ካሮት

часник

ጾዳ ሽጉርቲ

бамбук

ባምቡስ

цибуля

ሽጉርቲ

гриб

ቅንጥሻ

горішки

ፉል

локшина

ፓስታ

спагеті

ስፓገቲ

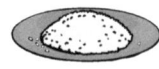

рис

ሩዝ

салат

ሰላጣ

картопля фрі

ቅልዋ ድንሽ

смажена картопля

ቅሉው ድንሽ

піца

ፒትሳ

гамбургер

ሃምቡርገር

бутерброд

ፓኒኖ

шніцель

ቢስተኻ

шинка

ሰለፍ ሓሰማ

салямі

ሳላሚ

ковбаса

ግዕዝም

курка

ደርሆ

печеня

ቀለወ

риба

ዓሳ

x

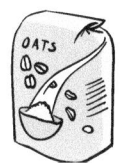

вівсяні пластівці

ገዳት

мюслі

ሙስሊ

кукурудзяні пластівці

ኮርንፍለይክስ

борошно

ሓርጭ

круасан

ክሮሶን

булочка

ባኒ

хліб

ባኒ

тостовий хліб

ቶስት

печиво

ብሽኩቲ

масло

ጠስሚ

сир

ርጎኦ

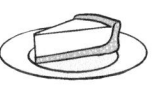

пиріг

ፓስተ

яйце

እንቋቍሖ

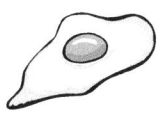

яєчня

ቅሉው እንቋቍሖ

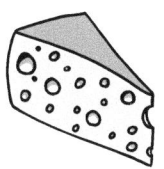

сир

ፎርማጆ

морозиво

አይስ ክሪም

цукор

ሽኮር

мед

መዓር

мармелад

ጀም

нуга-крем

ኑጋት-ክረም

карі

ኩሪ

їжа - መግቢ.

ферма
ቤት ሕርሻ

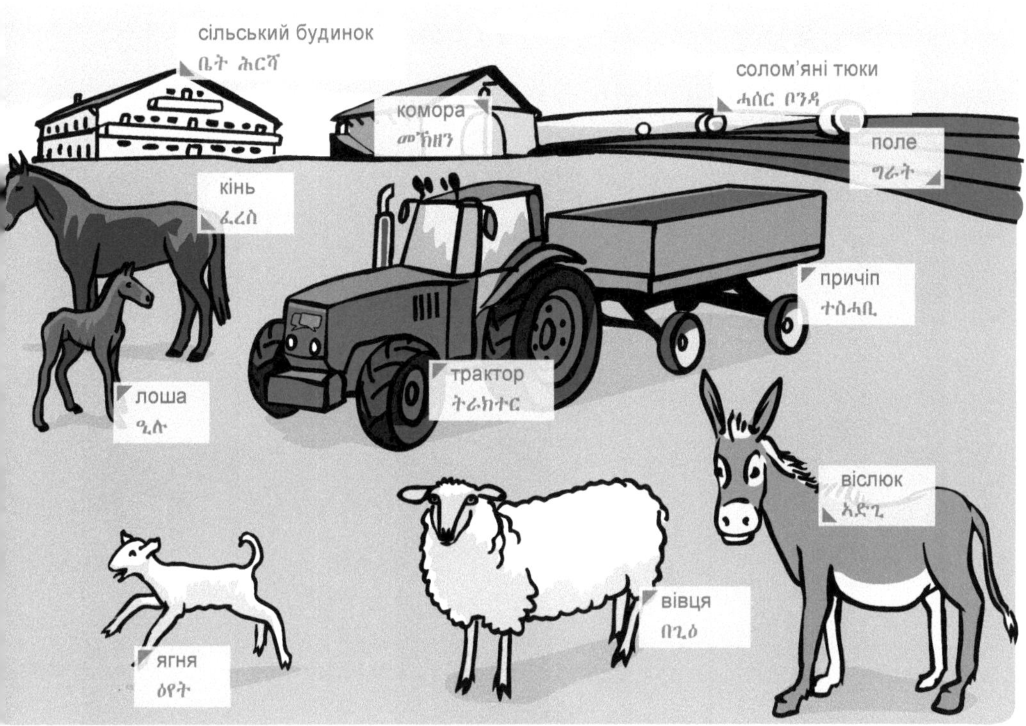

сільський будинок
ቤት ሕርሻ
солом’яні тюки
ሓሰር ቦንዳ
комора
መኽዘን
поле
ግራት
кінь
ፈረስ
причіп
ተስሓቢ
трактор
ትራክተር
лоша
ዒሎ
віслюк
ኣድጊ
вівця
በጊዕ
ягня
ዕየት

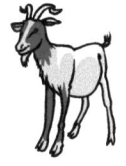

коза

ጤል

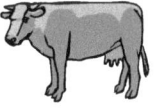

корова

ብዕራይ

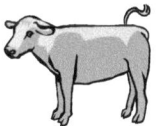

теля

ምራኽ

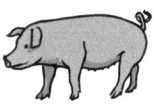

свиня

ሓሰማ

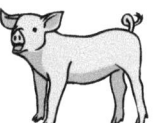

порося

ውላድ ሓሰማ

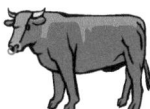

бик

ኣርሓ

гусак

ዓሳ

качка

ማይ ደርሆ

курча

ጫቑሊት

курка

ደርሆ

півень

ኣርሓ ደርሆ

щур

ኣንጪዋ ዓባይ

кіт

ድሙ

миша

ኣንጪዋ

віл

ብዕራይ

собака

ከልቢ

собача будка

ኣጉዶ ከልቢ

садовий шланг

ቱቦ ጀርዲን

лійка

መዘፍፊ ማይ

коса

ዓቢ ማዕጺድ

плуг

ማሕረሻ

серп

ማዕጺድ

мотика

ጭጒር

вила

መስዐ

сокира

ፋስ

тачка

ዓረብያ ኢድ

корито

ጋብላ

бідон молока

ብርጭቆ ጸባ

мішок

ከሻ

паркан

ሓጹር

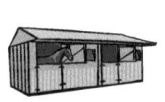

хлів

መንስስ

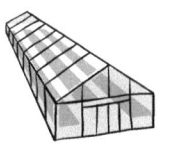

теплиця

ቖጠልያ ገዛ

ґрунт

ባይታ

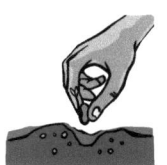

насіння

ዘርኢ

добриво

ድኹዒ

комбайн

ዘጣምር ቀውዓይ

ферма - ቤት ሕርሻ

пожинати

ቀው·ስ

урожай

ጸጋ

корінь ямсу

ድንሽ ያም

пшениця

ስርናይ

соя

ሶያ

картопля

ድንሽ

кукурудза

ዕፉን

ріпак

ራፕስ

плодове дерево

ገረብ ፍረታት

маніок

ማኒአክ

злаки

ኣእኻል

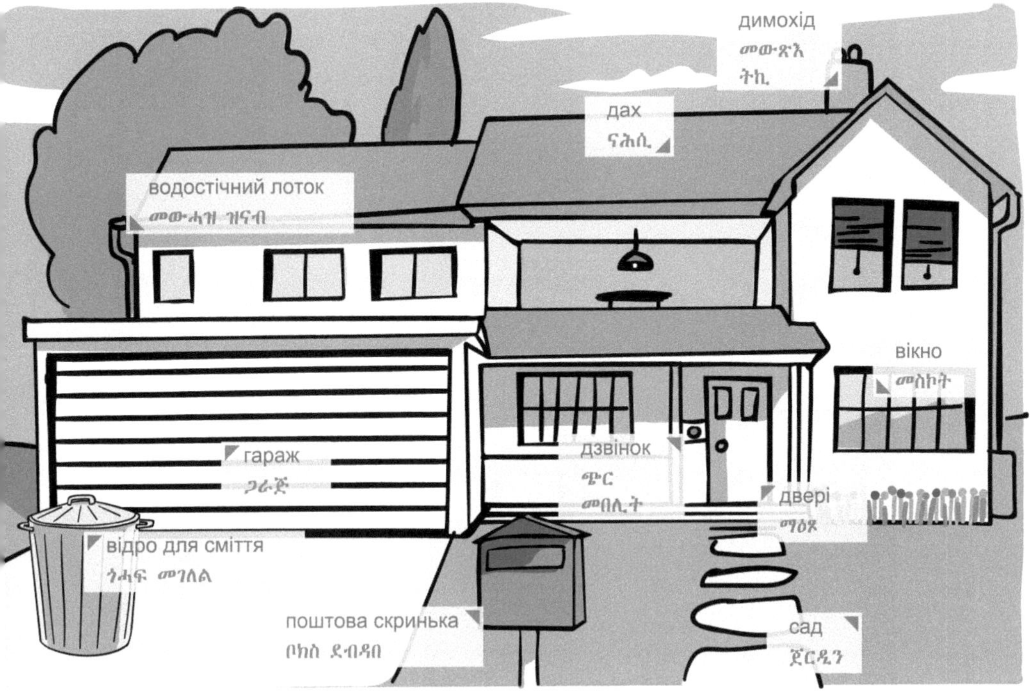

димохід
መውጽእ ትኪ

дах
ናሕሲ

водостічний лоток
መውሓዝ ዝናብ

вікно
መስኮት

гараж
ጋራጅ

дзвінок
ጭር
መበሊት

двері
ማዕጾ

відро для сміття
ጎሓፍ መጉለል

поштова скринька
ቦክስ ደብዳቤ

сад
ጀርዲን

вітальня

ክፍሊ ምቕማጥ

ванна кімната

ክፍሊ ባንዮ

кухня

ክሽን

спальня

ክፍሊ መደቀሲ

дитяча кімната

ክፍሊ ቆልዑ

їдальня

መመገቢ ክፍሊ

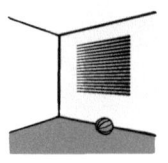

підлога

ባይታ

стіна

መንደቅ

стеля

ከበርታ

підвал

ካንቲና

сауна

ሳውና

балкон

ባልኮን

тераса

ዛላ

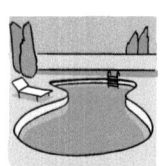

басейн

መሕምበሲ

косарка

መቘረጺ ሳዕሪ

простирало

ኣንሶላ ዓራት

ковдра

ከበርታ ዓራት

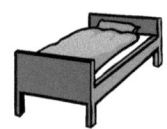

ліжко

ዓራት

мітла

መኸስተር

відро

መገለል

перемикач

መወልዒት

шпалери — ወረቐት መንደቕ

малюнок — ስእሊ

лампа — ላምፕ

поличка — ከብሒ

шафа — ከብሒ

камін — መውጽኢ ትኪ ኣብ ገዛ

телевізор — ተለቪዥን

квітка — ዕንባባ

подушка — መተርኣስ

диван — ሳሎን

ваза — ባዙ

пульт — ሪሞት

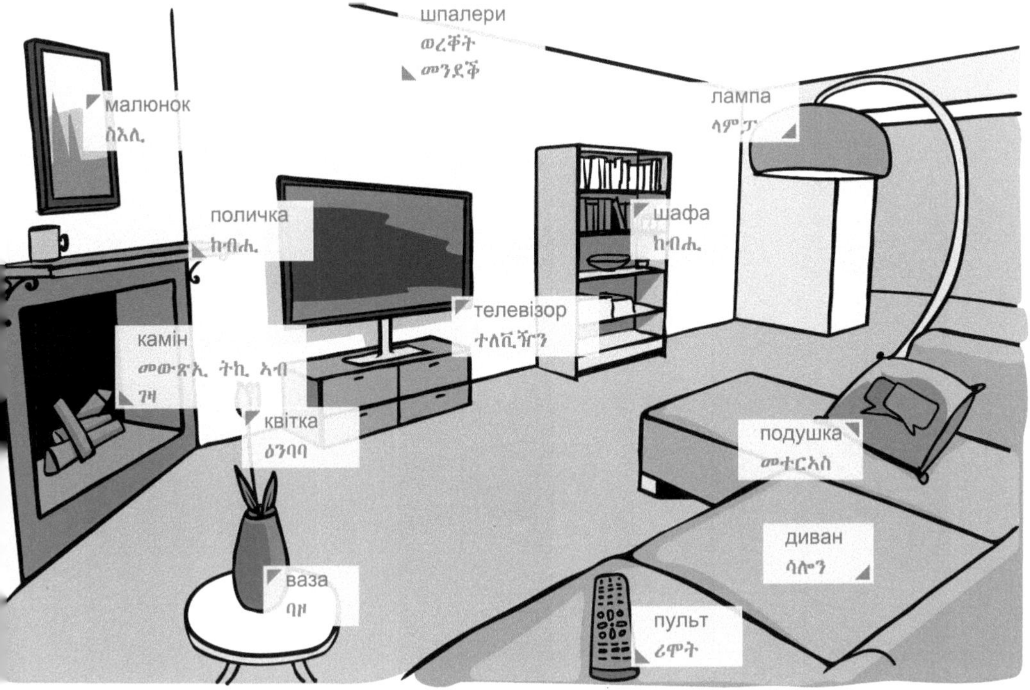

килим

መንጸፍ

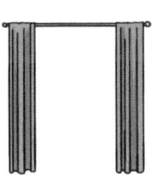

завіса

መጋረጃ

стіл

ጣውላ

стілець

መንበር

крісло-гойдалка

ሰለል ዝብል መንበር

крісло

መንበር ምቹእ

книга

መጽሐፍ

ковдра

ከቦርታ

прикраса

ስልማት

дрова

እንጨይቲ ሓዊ

фільм

ፊልም

стереосистема

ስተረዮ

ключ

መፍትሕ

газета

ጋዜጣ

картина

ቅብኣ

плакат

ፖስተር

радіо

ረድዮ

блокнот

ጥራዝ

пилосос

መልገሲ ደርና

кактус

በለስ

свічка

ሽምዓ

кухня
ክሽነ

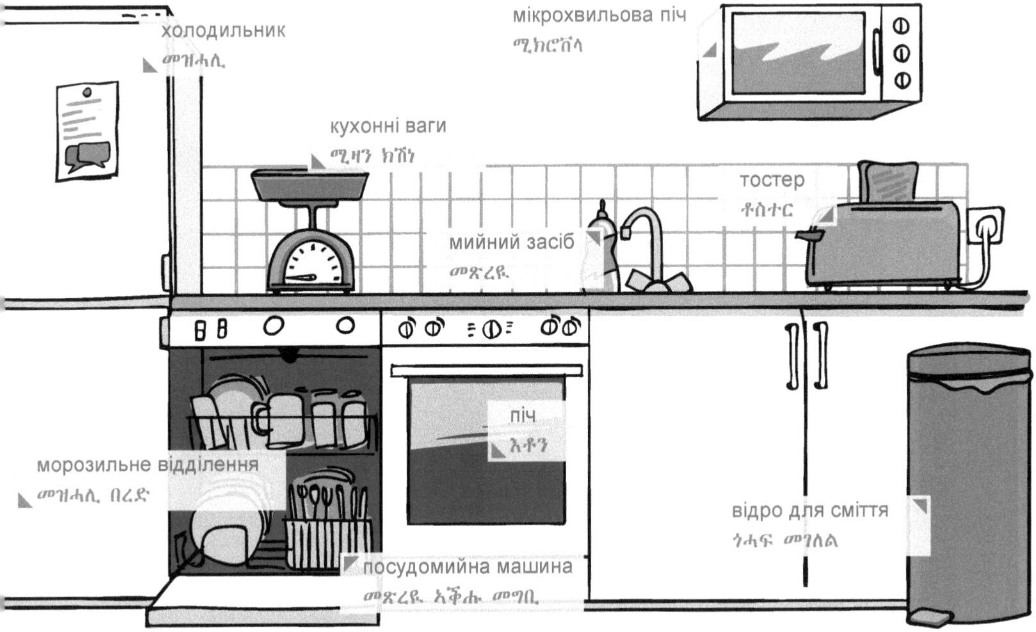
холодильник
መዝሓሊ
мікрохвильова піч
ሚክሮቨላ
кухонні ваги
ሚዛን ክሽነ
тостер
ቶስተር
мийний засіб
መጽረዪ
піч
እቶን
морозильне відділення
መዝሓሊ በረድ
відро для сміття
ጉሓፍ መግለል
посудомийна машина
መጽረዪ ኣቕሑ መግቢ

плита

መኸሽኒ

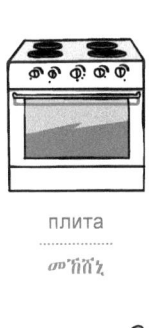

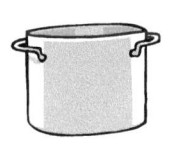

горщик

ድስቲ

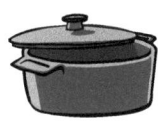

чавунний горщик

ድስቲ ሓጺን

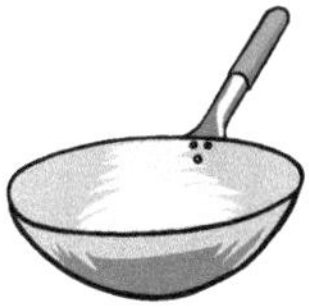

вок / кадай

ቮክ/ካዳይ

сковорода

ባደላ

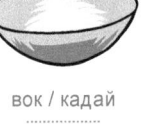

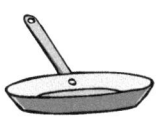

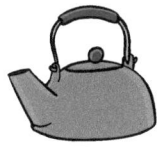

чайник

መውዓዪ ማይ

пароварка

መፍልሒ

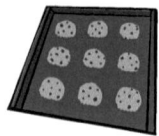

лист

ንቡራ ምስንካት

посуд

አቅሑ መግቢ

кухоль

ብርጭቆ

чаша

ጭሓሎ

палички для їжі

ማንካቼና

черпак

ማንካ መረቅ

лопатка

መገልበጢ ባደላ

вінчик для збивання

መኹስተር ውርጪ

сито

መንፊት መግቢ

сито

መንፊት

терка

መፋሕፍሒ

ступка

ሞርታር

барбекю

ባርቢኪዮ

багаття

ስፍራ ሓዊ

дошка

እንጨይቲ ምምታር

качалка

እንጨይቲ ኩረር

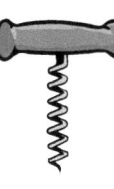

штопор

መኽፈት ቡሽ

конзерва

ታኒካ

відкривачка

መኽፈቲ ታኒካ

прихватки

ጨርቂ ድስቲ

раковина

ቡምባ

щітка

ኣስባስላ

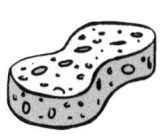

губка

ሰፍነግ

міксер

ሓዋሲ ኣደባላዊ

морозильна камера

መዝሓሊ በረድ

дитяча пляшка

ጥርሙዝ ማማይ

кран

ቡምባ ማይ

ванна кімната

ክፍሊ ባንዮ

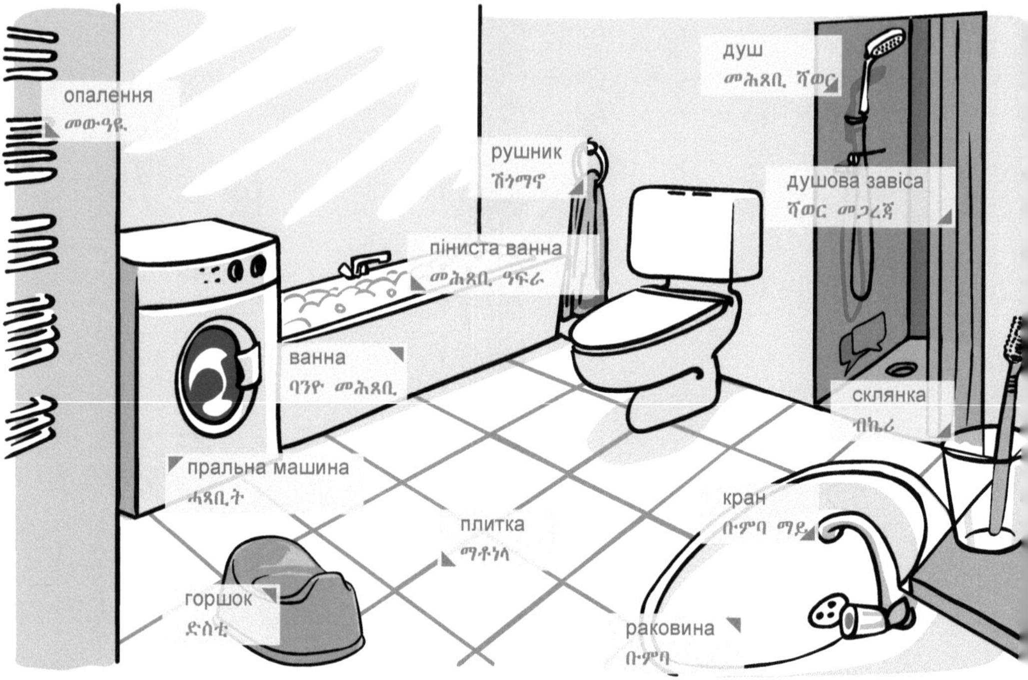

опалення
መውዓዪ
душ
መሕጸቢ ሻወር
рушник
ሽጎማኖ
душова завіса
ሻወር መጋረጃ
пініста ванна
መሕጸቢ ዓፍራ
ванна
ባንዮ መሕጸቢ
склянка
ብኬሪ
пральна машина
ሓጻቢት
кран
ቡምባ ማይ
плитка
ማቶነላ
горшок
ድስቲ
раковина
ቡምባ

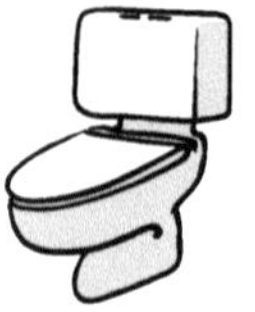

туалет

ሽቓቕ

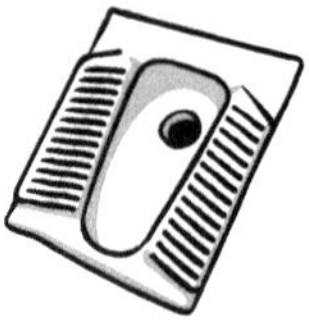

підлоговий туалет

ሽቓቕ ኮፍ

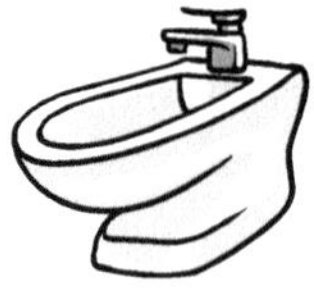

біде

በዴ

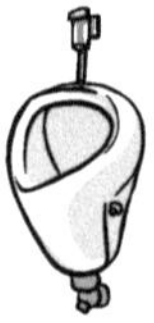

пісуар

ሽቃቕ ተባዕታይ

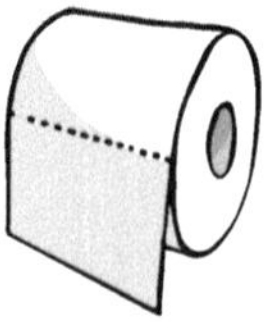

туалетний папір

ወረቐት ሽቓቕ

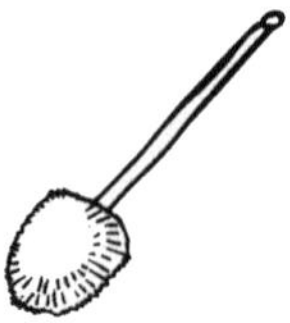

щітка для туалету

ኣስባስላ ሽቓቕ

зубна щітка

አስባስላ ስኒ

зубна паста

ክሬማ ስኒ

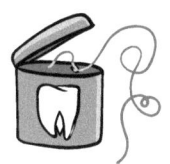

нитка для чищення зубів

ሃሪ ስኒ

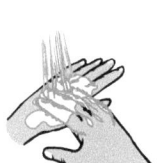

мити

ሓጸበ

ручний душ

ዱሽ ኢድ

інтимний душ

ዱሽ

таз

ብርጭቆ ምሕጸብ

щітка для спини

አስባስላ ሕቖ

мило

ሳምና

гель для душу

ሻወር ጀል

шампунь

ሻምፑ

мочалка

ጨርቁ መሕጸቢ

водостік

መውሓዚ

крем

ክሬማ

дезодорант

ደዮ ጨና

дзеркало

መስትያት

косметичне дзеркало

ናይ ኢድ መስትያት

бритва

መላጸ

піна для гоління

ዓፍራ ምልጻይ

лосьйон після гоління

ጨና ድሕሪ ምልጻይ

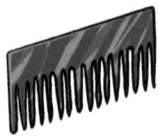

гребінь

መመሸጥ

щітка

ኣስባስላ

фен

መንቐጺ ጸግሪ

лак для волосся

ስፕረይ ጸግሪ

косметика

መመላኸዪ

губна помада

ብርዒ ቀለም ከንፈር

лак для нігтів

ኣዝማልቶ

вата

ጻምሪ ጡጥ

ножиці для нігтів

መስደዲ ጽፍሪ

парфум

ጨና

косметичка

ሳንጣ መሕጸቢ.

табурет

ድኳ

ваги

ሚዛን

халат

ክዳን መሕጸቢ.

гумові рукавички

ጓንቲ መጸረዩ.

тампон

ታምፖን

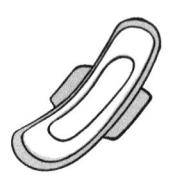

гігієнічні прокладки

ጨርቂ ሰበይቲ

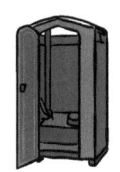

біотуалет

ሽቓቕ ከሚስትሪ

дитяча кімната

ክፍሊ ቆልዑ

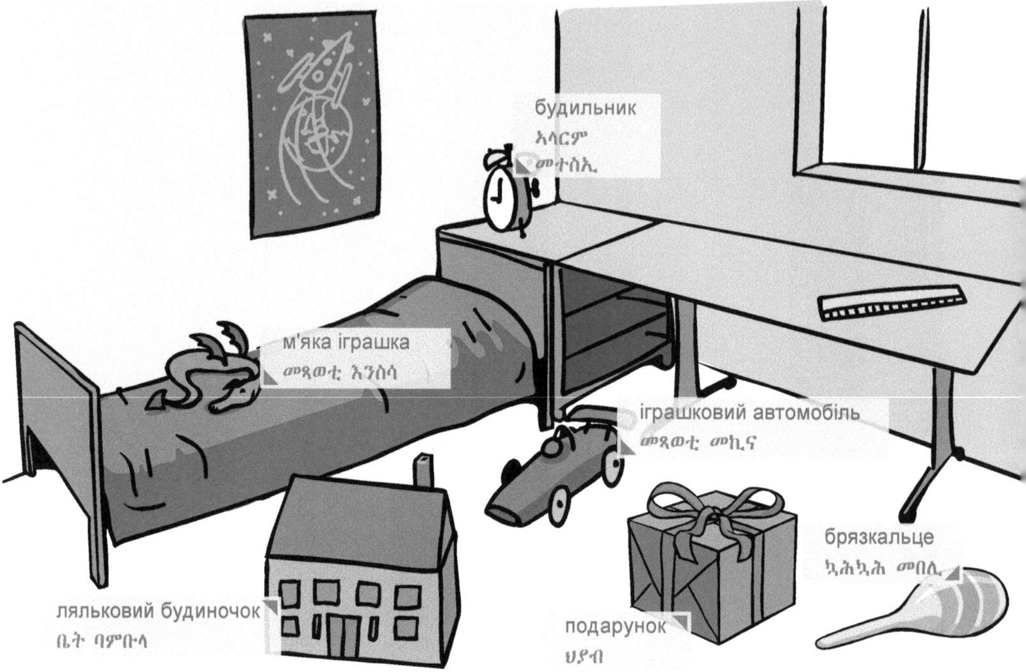
будильник
ኣላርም መተስኢ
м'яка іграшка
መጻወቲ እንስሳ
іграшковий автомобіль
መጻወቲ መኪና
брязкальце
ኳሕኳሕ መበሊ
ляльковий будиночок
ቤት ባምቡላ
подарунок
ህያብ

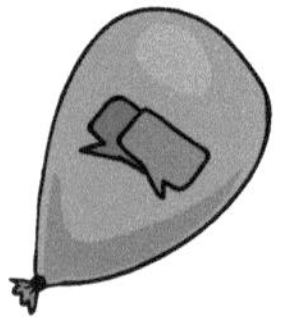

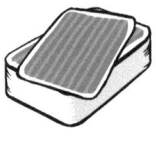

повітряна кулька

ባላንችና

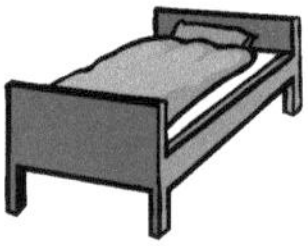

ліжко

ዓራት

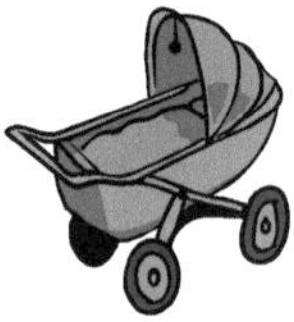

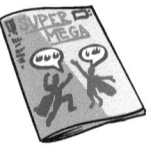

дитячий візок

ሰረገላ ህጻን

картярська гра

ጸወታ ካርታ

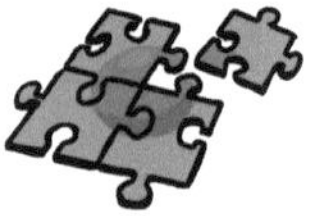

пазл

ሕንቅሊተይ

комікс

ኮሚዲ

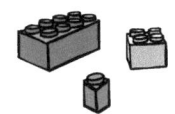

лего цеглинки

እምንታት መጻወቲ ለጎ

блоки

መጻወቲ እምንታት

іграшкова фігурка

በዓል ኣክቸን

повзунки

ክዶን ማማይ

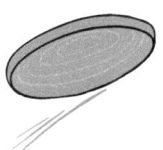

фризбі

ፍሪስቢ

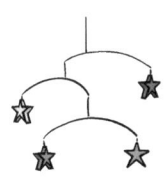

мобіле

ሞባይል ማማይ

настільна гра

ጸወታ ሰሌዳ

кубик

ኩቦ

модель залізнична станція

ሞደል ባቡር ምድሪ

соска

ዓባስ

вечірка

ፓርቲ

книжка з картинками

መጽሓፍ ስእሊ

м'яч

ኩዕሶ

лялька

ባምቡላ

грати

ተጻወተ

пісочниця

መጻወቲ ሓጺ

гойдалка

ሰላል

іграшка

መጻወቲታት

гральна консоль

ኮንሶል ቪድዮ

триколісний велосипед

መጻወቲ ሰለስተ መንኮርኮር

плюшевий мішка

ተዲ

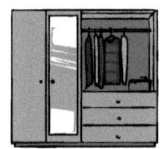

шафа

ከብሒ, ክዳን

ОДЯГ

ክዳን

шкарпетки

ካልስታት

панчохи

ነዊሕ ካልስታት

колготки

ስረ ካልሲ

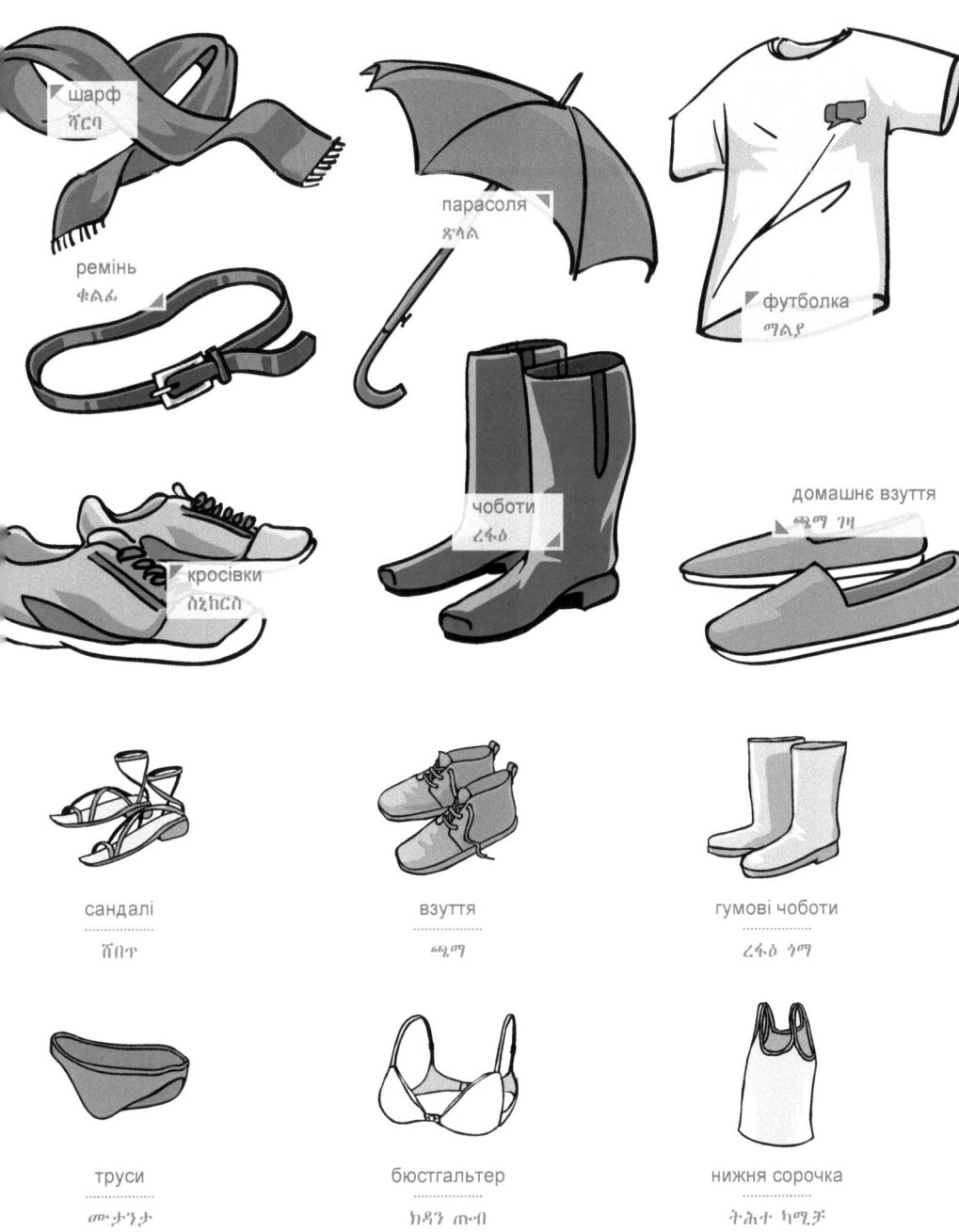

шарф
ሻርባ

парасоля
ጽላል

футболка
ማልያ

ремінь
ቁልፊ

чоботи
ረፋዕ

домашнє взуття
ጫማ ገዛ

кросівки
ስኒርስ

сандалі
ሻቡጥ

взуття
ጫማ

гумові чоботи
ረፋዕ ነማ

труси
ሙታንታ

бюстгальтер
ክዳን ጡብ

нижня сорочка
ትሕተ ካሚቻ

боді

በዲ

штани

ስረ

джинси

ጂንስ

спідниця

ቀሚሽ

блузка

ካምቻ

сорочка

ካሚቻ

пуловер

ጉልፍ

светр

ጎልፍ

піджак

ጃኬት

куртка

ጃከት

пальто

ጁባ

дощовик

ከዳን ዝናብ

костюм

ኮስቱም

сукня

ቀሚሽ

весільна сукня

ቀሚሽ መርዓ

костюм

ልብሲ

нічна сорочка

ካሚቻ ለይቲ

піжама

ክዳን ለይቲ

сарі

ሳሪ

головна хустка

መሀረብ ርእሲ

чалма

ቱርባን

бурка

ቡርካ

кафтан

ካፍታን

абая

አባያ

купальник

ክዳን መሕምበሲ

плавки

ስረ መሕምበሲ

шорти

ሓጺር ስረ

тренувальний костюм

ክዳን ታዕሊም

фартух

በፊ ክዳን

рукавички

ጓንቲ

гудзик

መልጎም

окуляри

መነጽር

браслет

በንናጅር

ланцюг

ማዕተብ

кільце

ቀለበት

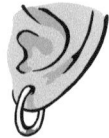

сережка

ኩትሻ

шапка

ቆብስ

плічка

መንበረ ጁባ

капелюх

ባርኔጣ

краватка

ካርራሻት

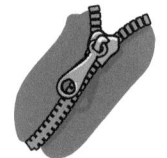

застібка-блискавка

ሻርነጣ

шолом

ሀልመት

підтяжки

መድልደል ስረ

шкільна форма

ድቢዛ ቤትትምህርቲ

уніформа

ድቢዛ

нагрудник

ሰደርያ ቆልኅ

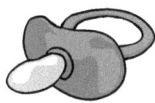

соска

ዓባስ

підгузок

ጨርቂ ማማይ

офіс

ቤት ጽሕፈት

сервер
ሰርቨር

шаф для документів
ከብሒ ሰነድ

принтер
ፕሪንተር

монітор
ሞኒቶር

папір
ወረቐት

миша
ኣንጭዋ

письмовий стіл
ጣውላ ምጽሓፍ

папка
ሓጀራ

синтезатор
ኪቦርድ

кошик для паперу
ጎሓፍ ወረቐት

стілець
መንበር

комп'ютер
ኮምፒተር

кавовий кухоль

ብርጭቆ ቡን

калькулятор

ካልኩለተር

інтернет

ኢንተርነት

офіс - ቤት ጽሕፈት

49

ноутбук

ለፕቶፕ

лист

ደብዳበ

повідомлення

መልእክቲ

мобільний телефон

ሞባይል

мережа

ነትወርክ/መርበብ

копіювальний пристрій

መቅድሒ ፎቶኮፒ

програмне забезпечення

ሶፍትዌር

телефон

ተለፎን

розетка

ሶከት ኣረንቲ

факс

ፋክስ

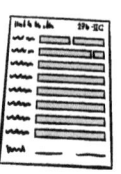

бланк

ፎርም

документ

ሰነድ

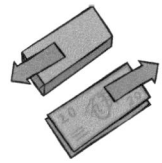

купувати

ገዝአ

платити

ከፈለ

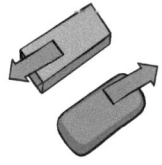

торгувати

ነግዴ

гроші

ገንዘብ

долар

ዶላር

євро

አዩሮ

ієна

የን

рубль

ሩብል

франк

ስዊዝ ፍራንክን

юанів женьміньбі

ረንሚንቢ. ዩዋን

рупія

ሩፒየ

банкомат

መውጽኢ. ማሺን ገንዘብ

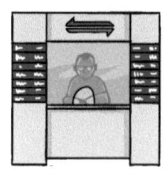

обмінний пункт

ቦታ ቅያር ገንዘብ

золото

ወርቂ

срібло

ብሩር

нафта

ዘይቲ

енергія

ሓይሊ

ціна

ዋጋ

контракт

ውዕል

податок

ቀረጽ

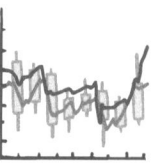

акція

እኩብ ጥረ-ነገራት

працювати

ሰርሐ

працівник

ሰራሕተኛ

роботодавець

ኣስራሒ

фабрика

ትካል

магазин

ዱኳን

професії

ሞያታት

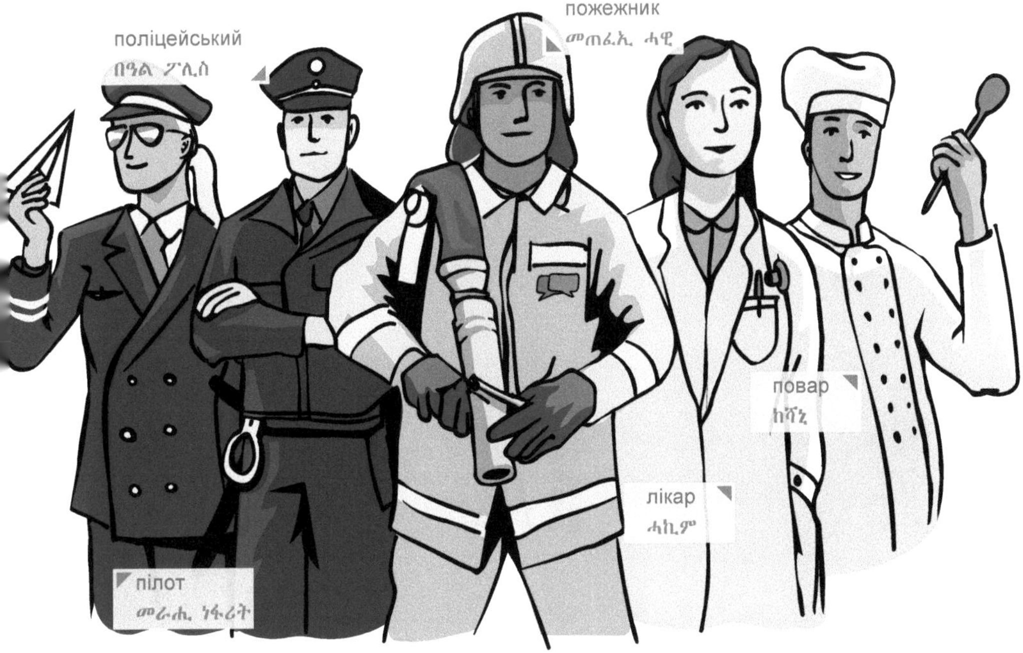

поліцейський
በዓል ፖሊስ
пожежник
መጠፊኢ ሓዊ
повар
ከሻኒ
лікар
ሓኪም
пілот
መራሒ ነፋሪት

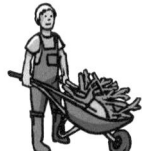

садівник

ሰራሕተኛ ጀርዲን

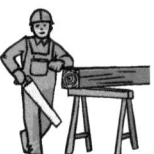

столяр

ጸራቢ ዕንጸይቲ

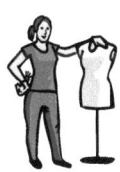

швачка

ሰፋይት

суддя

ፈራዳይ

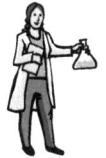

хімік

ቀማሚ

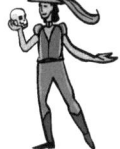

актор

ተዋሳኢ

водій автобуса

መራሒ አዉቶቡስ

таксист

አዉቲስታ ታክሲ

рибалка

ገፋሪ ዓሳ

прибиральниця

ጸራጊት

покрівельник

ሃናጻይ ናሕሲ

офіціант

አሰላሪ

мисливець

ሃዳናይ

художник

ሰአላይ

пекар

እንዳ ሕብስቲ

електрик

ኤለትሪከኛ

будівельник

ሃናጺ አባይቲ

інженер

ሃንዳሲ

забійник

ሰራሕተኛ እንዳ ስጋ

бляхар

ድራብሊኮ

листоноша

አማላላሲ ፖስጣ

солдат

ወተሃደር

архітектор

መሃንድስ

касир

ተሓዝ ገንዘብ

флорист

ሰራሕተኛ ዕምባባ

перукар

ቀም ቃማይ

кондуктор

ፈተሪና

механік

መካኒክ

капітан

መራሒ መርከብ

дантист

ሓኪም ስኒ

вчений

ተመራማሪ

рабин

ራቢ

імам

ኢማም

монах

ፈላሲ

пастор

ቀሺ

інструменти

ናውቲ

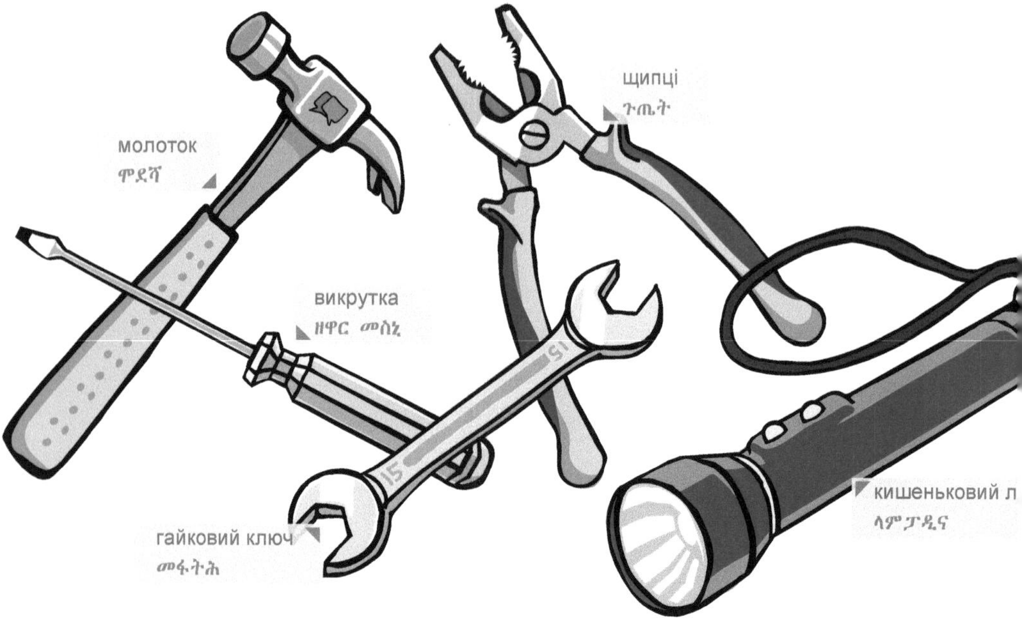

молоток
ሞደሻ
щипці
ጉጤት
викрутка
ዘዋር መስኒ
гайковий ключ
መፋትሕ
кишеньковий л
ላምፓዲና

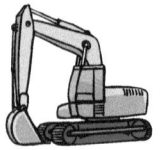

екскаватор

ፊሓሪ

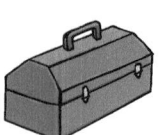

ящик для інструментів

ናውቲ ቦክስ

драбина

መደያይቦ

пилка

መጋዝ

цвяхи

መስማር

свердло

ኰዓቲ

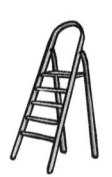

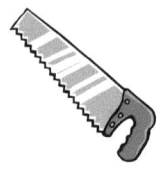

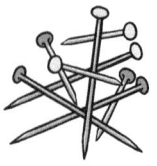

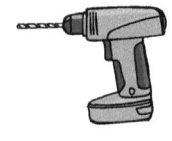

ремонтувати

ምዕራይ

лопата

ባደላ

лайно!

አይ!

совок

መትሓዚ ዶርና

відро з фарбою

ድስቲ ቀለም

гвинти

ካቻቢተ

музичні інструменти

መሳርሒ ሙዚቃ

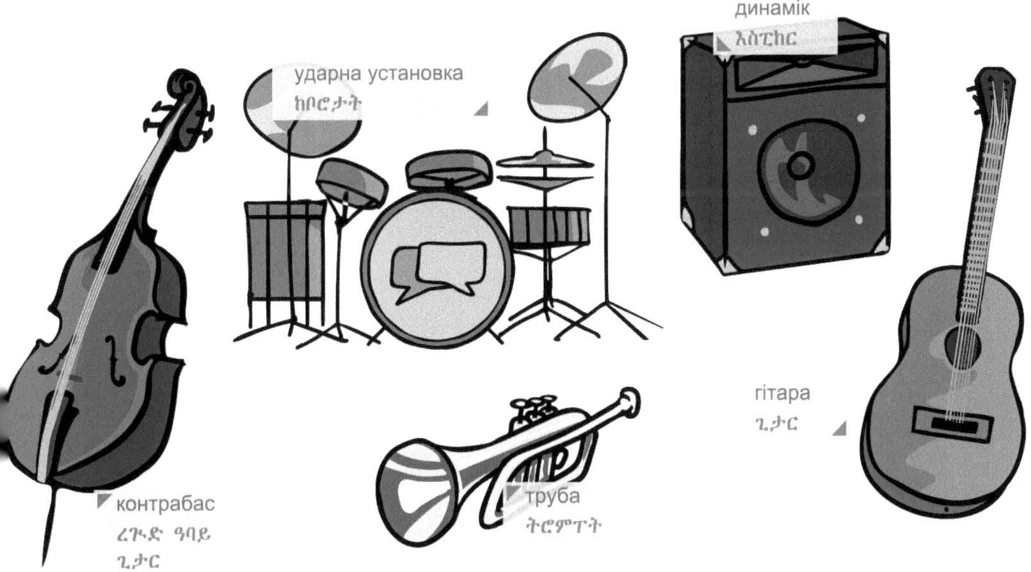

ударна установка
ከበሮታት

динамік
እስፒከር

гітара
ጊታር

контрабас
ረጉድ ዓባይ
ጊታር

труба
ትሮምፐት

фортепіано

ፒያኖ

скрипка

ቪዮሊን

бас

ባስ ጊታር

литаври

ቲምፓኒ

барабан

ከበሮ

клавіатура

ኦርጋን

саксофон

ሳክሶፎን

флейта

ሻምብቆ

мікрофон

ሚክሮፎን

тигр
ነብር

клітка
ጎቢያ

зебра
አድጊ በረኻ

корм
መግቢ እንስሳ

панда
ፓንዳ

вхід
መእተዊ

тварини

እንስሳታት

слон

ሓርማዝ

кенгуру

ካንጋሩ

носоріг

ሓሪሽ

горила

ጉሪላ

ведмідь

ድቢ

верблюд

ገመል

страус

ሰገን

лев

አንበሳ

мавпа

ህበይ

фламінго

ፍላሚንጎ

папуга

ሕንጻይ

білий ведмідь

ድቢ በረድ

пінгвін

ፐንጉን

акула

ከልቢ ዓሳ

павич

ጣውስ

змія

ተመን

крокодил

ሓርገጽ

працівник зоопарку

ሓላዊ ቤት ገርድሽ

тюлень

ዓሳ ዚምገብ እንስሳ ባሕሪ

ягуар

ጀጓር

поні

ሓጺር ፈረስ

леопард

ነብሪ

гіпопотам

ጉማሬ

жираф

ጄራፍ

орел

ሲሳ

кабан

መፍለስ

риба

ዓሳ

черепаха

ጎብየ

морж

ዋልሩስ

лисиця

ወኻርያ

газель

ሰስሓ

американський футбол
ናይ ኣሜሪካ ኩዕሶ እግሪ

їзда на велосипеді
ምዝዋር ብሽግለታ

теніс
ተኒስ

баскетбол
ባስከትባል

плавання
ምሕምባስ

бокс
ቦክሲንግ

хокей
ሆኪ በረድ

футбол
ኩዕሶ እግሪ

бадмінтон
ባድሚንቶን

легка атлетика
እስፖርታዊ ንጥፈታት

гандбол
ኩዕሶ ኢድ

лижні перегони
ስኪ

поло
ፖሎ

Дії

ንጥፈታት

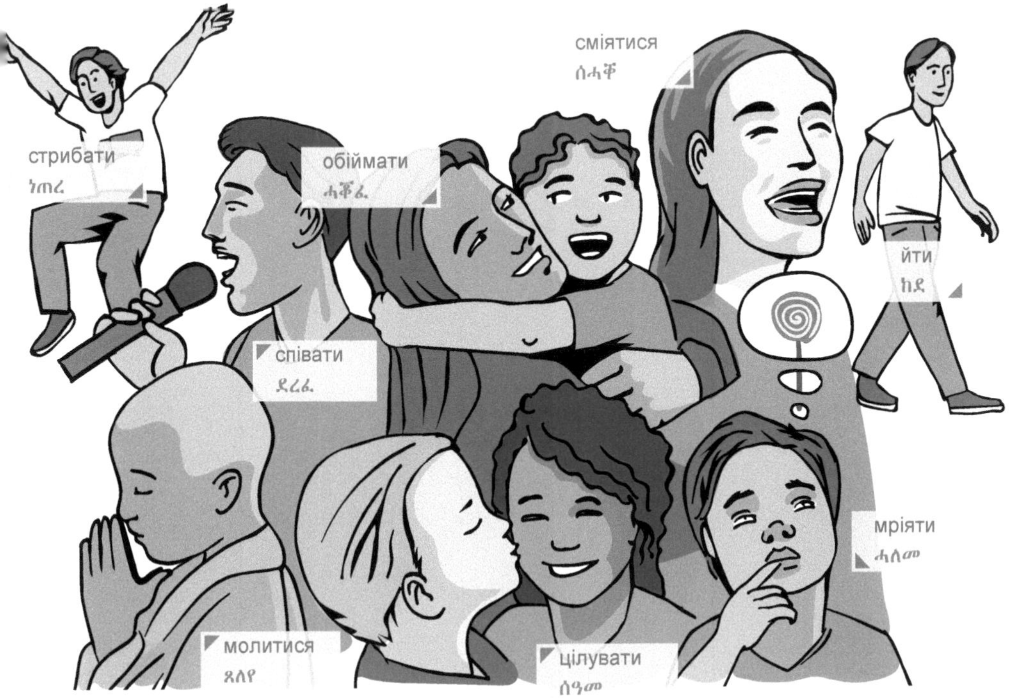

стрибати
ነጠረ
обіймати
ሓቑፈ
співати
ደረፈ
сміятися
ሰሓቐ
йти
ከደ
мріяти
ሓለመ
молитися
ጸለየ
цілувати
ሰዓመ

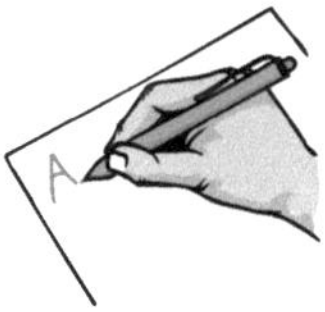

писати

ጸሓፈ

малювати

ስኣለ

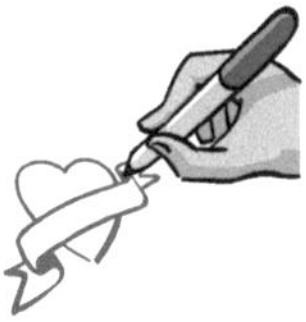

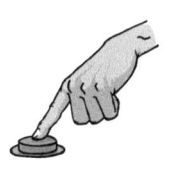

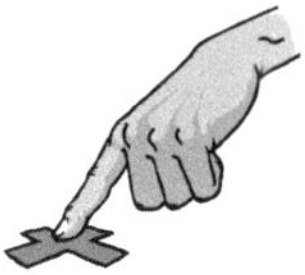

показувати

ኣርኣየ

тиснути

ደፍአ

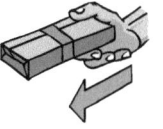

давати

ሃበ

брати

ወሰደ

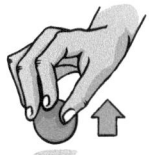

мати

አለወ

робити

ገበረ

бути

ኮነ

стояти

ጠጠው በለ

бігати

ጐየየ

тягнути

ሰሐበ

кидати

ሰንደወ

падати

ወደቐ

лежати

ሓሰወ

очікувати

ተጸበየ

носити

ሰከም

сидіти

ኮፍ በለ

одягати

ተኸድነ

спати

ደቀሰ

просипатися

ተሰአ

дивитися

ረአየ

плакати

በኸየ

гладити

ብኣጻብዑ ደረዘ

розчісувати

መሸጠ

розмовляти

ተዛረበ

розуміти

ተረድአ

питати

ሓተተ

слухати

ሰምዐ

пити

ሰተየ

їсти

በልዐ

прибирати

ኣጽመጠ

любити

ኣፍቀረ

варити

ከሸነ

їхати

ዘወረ

літати

ነፈረ

йти під вітрилом

ብመርከብ ገየሽ

рахувати

ደመረ

читати

አንበበ

вчитися

ተመሃረ

працювати

ሰርሐ

одружуватися

መርዓወ

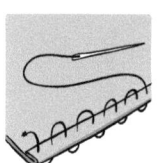

шити

ሰፈየ

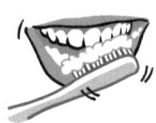

чистити зуби

ጽሬት አስናን

убивати

ቀተለ

курити

ሽጋራ ተከኸ

посилати

ሰደደ

бабуся
ዓባየ

дідуся
አቦሓጎ

батько
አቦ

мати
አደ

немовля
ማማይ

донька
ጓል

син
ወዲ

гість

ጋሸ

тітка

ሓትኖ

дядько

አኮ

брат

ሓው

сестра

ሓፍቲ

тіло

ኣካላት

чоло
ግንባር
око
ዓይኒ
плече
መንኩብ
палець
ኣጻብዕ
обличчя
ገጽ
підборіддя
መንከስ
кисть
ኢድ
груди
ኣፍ-ልቢ
нога
ሽፋን እግሪ
рука
ምናት

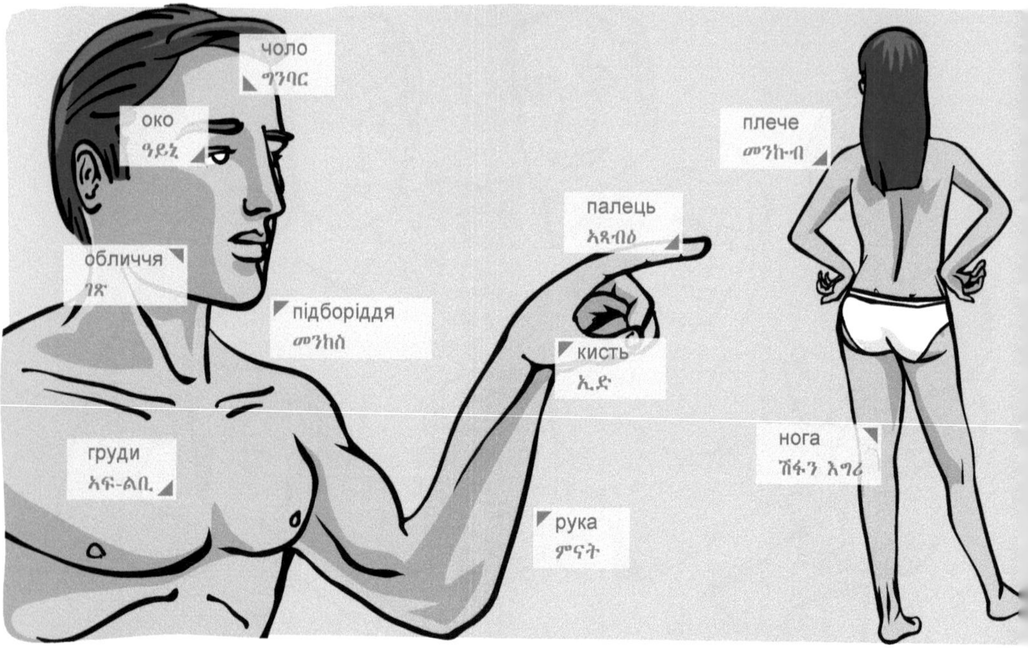

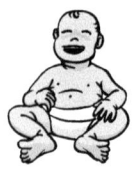

немовля

ማማይ

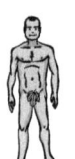

чоловік

ሰብኣይ

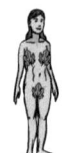

жінка

ሰበይቲ

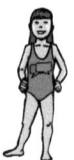

дівчина

ጓል

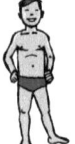

хлопчик

ወዲ

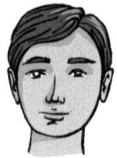

голова

ርእሲ

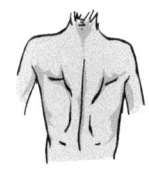

спина

ሕቖ

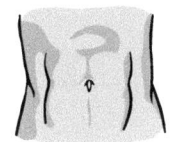

живіт

ከስዐ

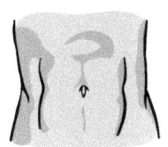

пуп

ሕምብርቲ

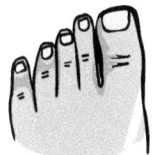

палець ноги

አጻብዕ እግሪ

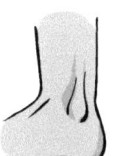

п'ята

ኩርኹረ

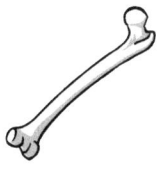

кістка

ዓጽሚ

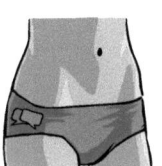

стегно

ም'ሕኩልቲ

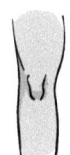

коліно

ብርኪ

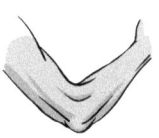

лікоть

ፍግርጉ

ніс

አፍንጫ

сідниці

መዓኩር

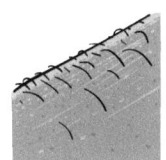

шкіра

ቆርበት

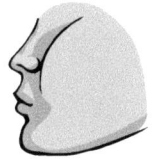

щока

ምዕጉርቲ

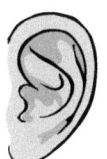

вухо

እዝኒ

губа

ከንፈር

рот

አፍ

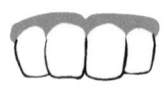

зуб

ስኒ

язик

መልሓስ

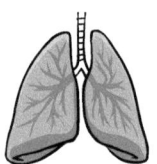

мозок

ሓንጎል

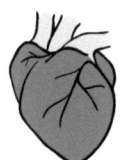

серце

ልቢ

м'яз

ሹጓዋዳ

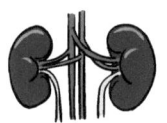

легені

ሳንቡእ

печінка

ጸላም ከብዲ

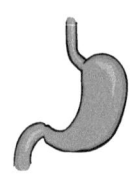

шлунок

ከብዲ

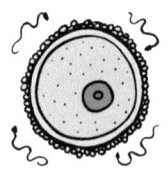

нирки

ኮሊት

статевий акт

ግብረ ስጋ

презерватив

ኮንዶም

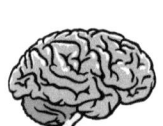

яйцеклітина

እንቋቑሖ

сперма

ዘርኢ ተባዕታይ

вагітність

ጥንሲ

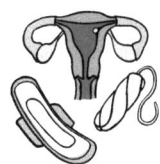

менструація

ጽግያት

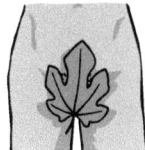

вагіна

ርሕሚ

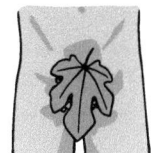

пеніс

መትሎ

брова

ሽፋሽፍቲ

волосся

ጸግሪ

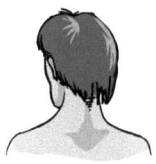

шия

ክሳድ

лікарня
ሆስፒታል

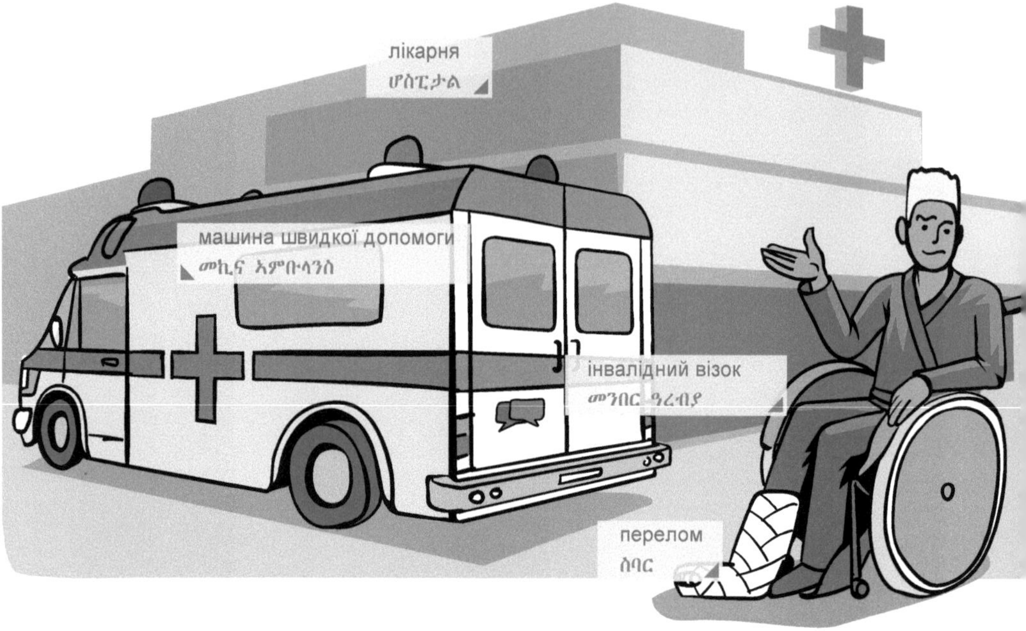

машина швидкої допомоги
መኪና አምቡላንስ

інвалідний візок
መንበር ጋሪብያ

перелом
ስባር

лікар

ሓኪም

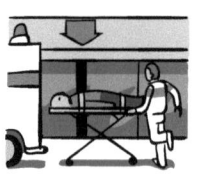

відділення швидкої
медичної допомоги

ክፍሊ, ህጹጽ ረድኤት

медсестра

ኣላይት

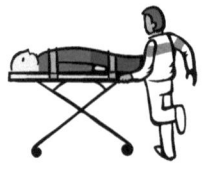

аварійний випадок

ህጹጽ ኩነት

непритомний

ውነኡ ዘጥፍአ

біль

ቃንዛ

травма

ጉድኣት

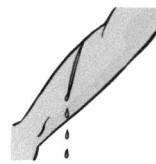

кровотеча

ደም

інфаркт

ማህረምቲ

інсульт

ማህረምቲ

алергія

ኣለርጂ

кашель

ሰዓል

лихоманка

ረስኒ

грип

ኡንፍልወንዛ

пронос

ውጽኣት

головна біль

ቃንዛ ርእሲ

рак

መንሽሮ

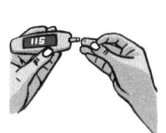

діабет

ሹኮርያ

хірург

ሓኪም መጥባሕቲ

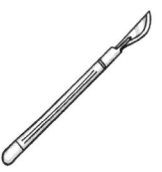

скальпель

መጥብሒ

операція

መጥባሕቲ

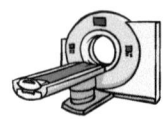

КТ

CT

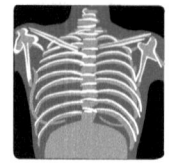

рентген

ራ ጄ

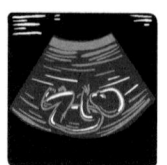

ультразвук

ልዕለ ድምጸዊ

маска

መሸፈኒ ገጽ

хвороба

ሕማም

зал очікування

ክፍሊ ምጽባይ

милиця

ምርኩስ

пластир

መጅነኒ ቐስሊ

пов'язка

መጅነኒ

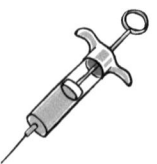

ін'єкція

መርፍዕ ምውጋእ

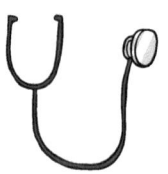

стетоскоп

ስተቶስኮፕ

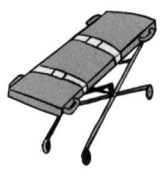

ноші

መሰከሚ ሕማም

термометр

ቴርሞመተር

народження

ትውልዲ

надмірна вага

ልዕለ-ሚዛን

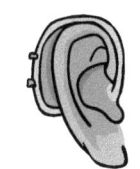

слуховий апарат

ሓገዝ ምስማዕ

дезінфікуючий засіб

ኣንጻሂ

інфекція

ልበዳ

вірус

ቫይረስ

ВІЛ / СНІД

ኤድስ

медицина

ሕክምና

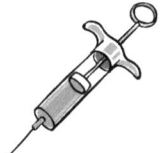

вакцинація

ክታብ

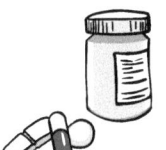

таблетки

ከኒና

протизаплідна пігулка

ከኒና

екстрений виклик

ህጹጽ ምድዋል

тонометр

መዕቀኒ ጸቕጢ ደም

хворий / здоровий

ሕሙም / ጥዑይ

сигнал тривоги

አላርም

напад

ምህጃም

Допоможіть!

ሓገዝ

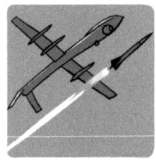

атака

መጥቃዕቲ

небезпека

ድንነት

аварійний вихід

ህጹጽ መውጽኢ

Вогонь!

ሓዊ!

вогнегасник

መጥፍኢ ሓዊ

аварія

ሓደጋ

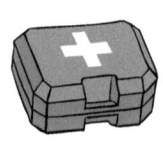

аптечка

ሳንጣ ቀዳማይ ረድኤት

СОС

SOS

поліція

ፖሊስ

Європа

ኤውሮጳ

Північна Америка

ሰሜን አመሪካ

Південна Америка

ደቡብ አመሪካ

Африка

አፍሪቃ

Азія

ኤስያ

Австралія

አውስትራልያ

Атлантика

አትላንቲክ

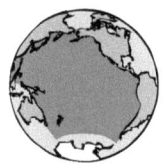

Тихий океан

ፓሲፊክ

Індійський океан

ህንዳዊ ዉቕያኖስ

Антарктичний океан

አንታርቲካዊ ዉቕያኖስ

Північний Льодовитий
океан

አርክቲካዊ ዉቕያኖስ

Північний полюс

ሰሜናዊ ዋልታ

Південний полюс

ደቡባዊ ዋልታ

Антарктика

አንታርቲካ

Земля

ምድሪ

суша

መሬት

море

ባሕሪ

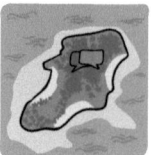

острів

ደሴት

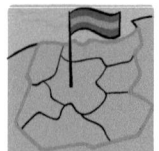

нація

ሃገር

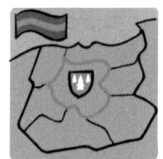

держава

ዓዲ

циферблат

ገጽ ሰዓት

годинникова стрілка

አመልካቲ ሰዓታት

хвилинна стрілка

አመልካቲ ደቓይቕ

секундна стрілка

አመልካቲ ካልኢት

Котра година?

ሰዓት ክንደይ አሎ?

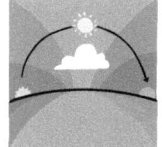

день

መዓልቲ

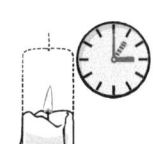

час

ግዜ

зараз

ሕጂ

цифровий годинник

ዲጂታል ሰዓት

хвилина

ደቒቕ

година

ሰዓት

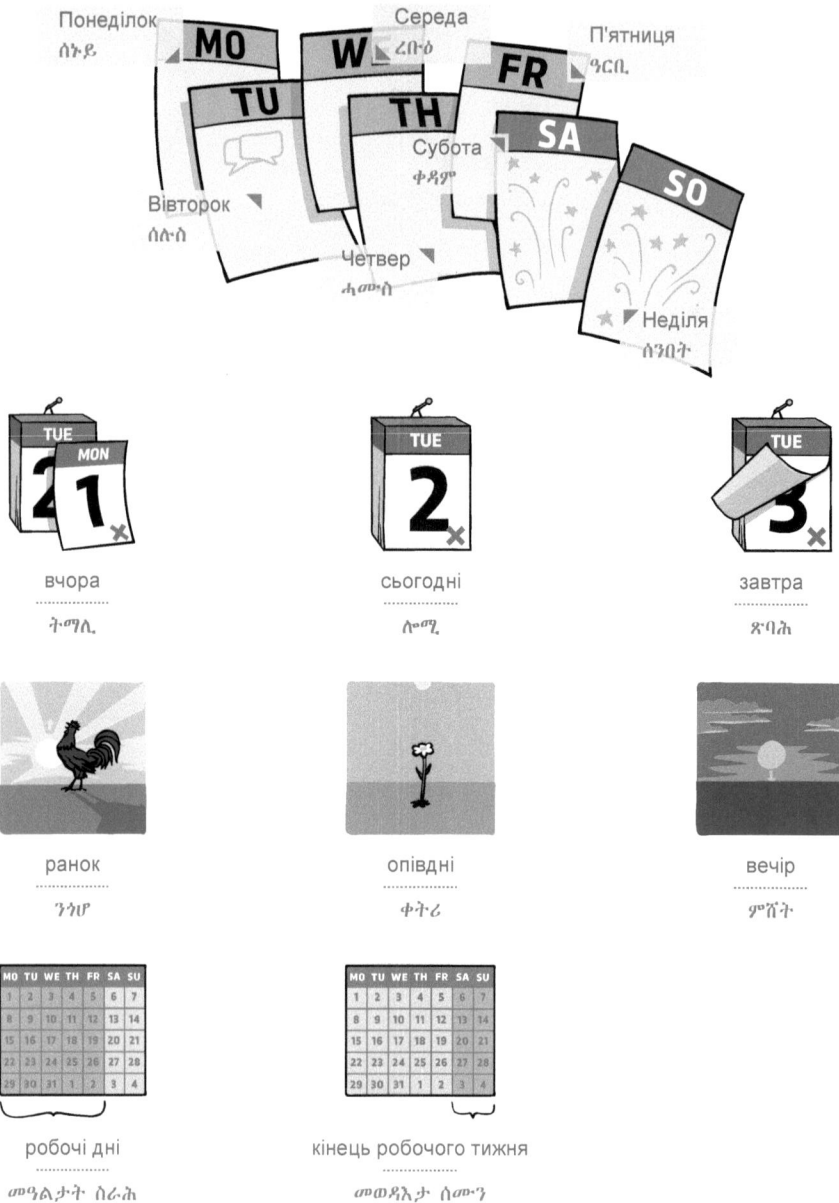

Понеділок
ሰኑይ

Середа
ረቡዕ

П'ятниця
ዓርቢ

TU

TH

SA

SO

Вівторок
ሰሉስ

Субота
ቀዳም

Четвер
ሓሙስ

Неділя
ሰንበት

вчора

ትማሊ

сьогодні

ሎሚ

завтра

ጽባሕ

ранок

ንግሆ

опівдні

ቀትሪ

вечір

ምሸት

робочі дні

መዓልታት ስራሕ

кінець робочого тижня

መወዳእታ ሰሙን

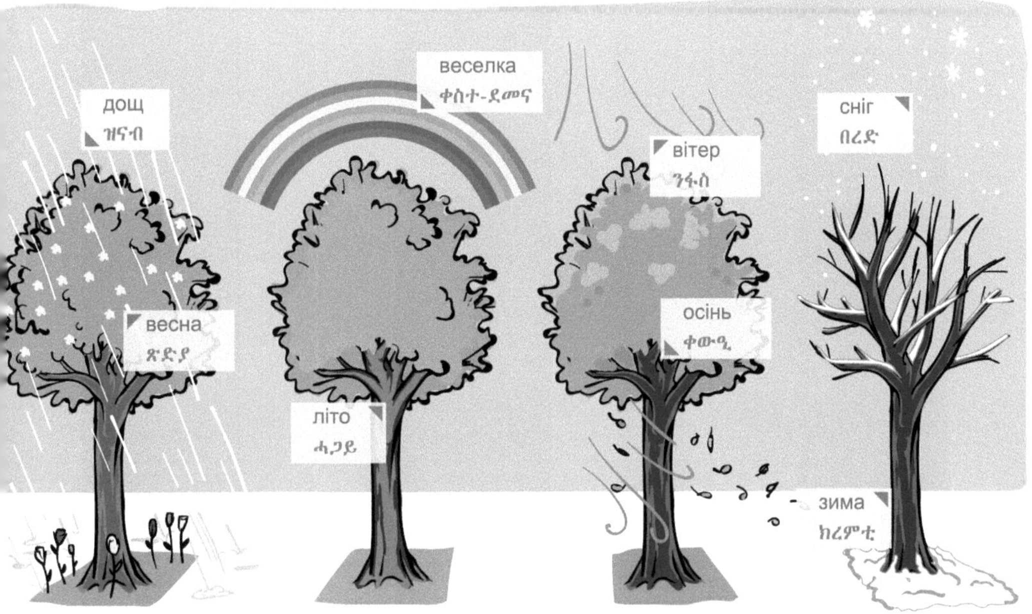

дощ
ዝናብ

веселка
ቀስተ-ደመና

сніг
በረድ

вітер
ንፋስ

весна
ጸድያ

осінь
ቀውዒ

літо
ሓጋይ

зима
ክረምቲ

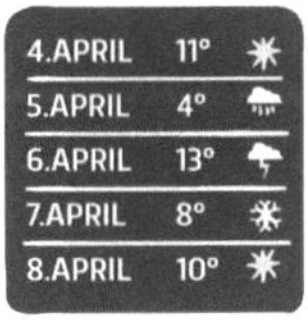

4.APRIL	11°	☀
5.APRIL	4°	☁
6.APRIL	13°	☂
7.APRIL	8°	☀
8.APRIL	10°	☀

прогноз погоди

ትንቢት ኩነታት ኣየር

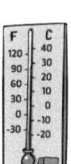

термометр

ቴርሞመተC

сонячне світло

ብርሃን ጸሓይ

хмара

ደበና

туман

ግመ

вологість повітря

ጠሊ

блискавка

ብርቂ

грім

ነጎዳ

шторм

ህቦብላ

град

በረድ

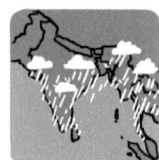

мусон

ብርቱዕ ህቦብላ

повінь

ውሕጅ

лід

በረድ

Січень

ጥሪ

Лютий

ለካቲት

Березень

መጋቢት

Квітень

ሚያዝያ

Травень

ጉንበት

Червень

ሰነ

Липень

ሓምለ

Серпень

ነሓሰ

рік - ዓመት

Вересень

መስከረም

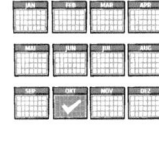

Жовтень

ጥቅምቲ

Листопад

ሕዳር

Грудень

ታሕሳስ

форми
ቅርጻታት

круг

ዞሮያ

квадрат

ትርብዒት

прямокутник

ቅኑዕ ርቡዕ ኵርናዕ

трикутник

ስሉስ ኵርናዕ

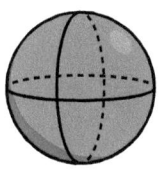

куля

ክቢ.

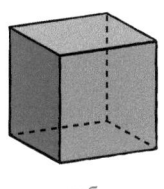

куб

ኩብ

бІлий

ጸዕዳ

жовтий

ብጫ

помаранчевий

አራንጂ

рожевий

ፒንክ

червоний

ቀይሕ

фІолетовий

ጆኽ

синІй

ሰማያዊ

зелений

ቀጠልያ

коричневий

ቡናዊ

сІрий

ሓሙኽሽታይ

чорний

ጸሊም

багато / мало

ብዙሕ / ውሑድ

лютий / мирний

ሕሩቕ / ሰላማዊ

гарний / бридкий

ጽቡቕ / ክፉእ

початок / кінець

መጀመርያ / መወዳእታ

великий / малий

ዓቢ / ንእሽቶ

світлий / темний

ብሩህ / ጸልማት

брат / сестра

ሓው / ሓፍት

чистий / брудний

ጽሩይ / ርሳሕ

завершений /
незавершений
ምሉእ / ዘይምሉእ

день / ніч

መዓልቲ / ለይቲ

мертвий / живий

ሙዉት / ህልው

широкий / вузький

ሰፊሕ / ጸቢብ

їстівний / неїстівний

ደስ ዘበለ / ደስ ዘይብል

злий / дружній

እኩይ / ህያዋይ

збуджений / нудьгуючий

ርቡጽ / ስልኩይ

товстий / тонкий

ረጒድ / ቀጢን

спочатку / востаннє

ቀዳማይ / ናይ መወዳእታ

друг / ворог

ዓርኪ / ጸላኢ

повний / порожній

ምሉእ / ባዶ

жорсткий / м'який

ተሪር / ልስሉስ

важкий / легкий

ከቢድ / ፈኩስ

голод / спрага

ጥምየት / ጽምየት

хворий / здоровий

ሕሙም / ጥዑይ

незаконний / законний

ዘይሕጋዊ / ሕጋዊ

розумний / дурний

መስተውዓሊ / ስዲ

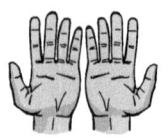

вліво / вправо

ጸጋም / የማን

поруч / далеко

ቀረባ / ርሑቕ

новий / використаний

ሓዲሽ / ብሉይ

нічого / щось

ዋላ ሓደ / ገለ

старий / молодий

ዓቢ/ኣረጊት / መንእሰይ

вкл / викл

ወሊዕ / ኣጥፍእ

відкрито / закрито

ክፉት / ዕጹው

тихо / гучно

ህዱእ / ዓው

багатий / бідний

ሃብታም / ድኻ

правильно / неправильно

ቅኑዕ / ግጉይ

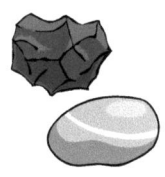

шорсткий / гладкий

ሓርፋፍ / ልሙጽ

сумний / щасливий

ጉሁይ / ሕጉስ

короткий / довгий

ሓጺር / ነዊሕ

повільно / швидко

ቀስ / ቅልጡፍ

вологий / сухий

ጥሉል / ንቑጽ

гарячий / холодний

ምዉቕ / ዝሑል

війна / мир

ውግእ / ሰላም

0
нуль

ዜሮ

1
один

ሓደ

2
два

ክልተ

3
три

ሰለስተ

4
чотири

ኣርባዕተ

5
п'ять

ሓሙሽተ

6
шість

ሽዱሽተ

7
сім

ሸውዓተ

8
вісім

ሸሞንተ

9
дев'ять

ትሽዓተ

10
десять

ዓሰርተ

11
одинадцять

ዓሰርተ ሓደ

12

дванадцять

ዓሰርተ ክልተ

13

тринадцять

ዓሰርተ ሰለስተ

14

чотирнадцять

ዓሰርተ ኣርባዕተ

15

п'ятнадцять

ዓሰርተ ሓሙሽተ

16

шістнадцять

ዓሰርተ ሽዱሽተ

17

сімнадцять

ዓሰርተ ሸውዓተ

18

вісімнадцять

ዓሰርተ ሸሞንተ

19

дев'ятнадцять

ዓሰርተ ትሽዓተ

20

двадцять

ዕስራ

100

сто

ሚእቲ

1.000

тисяча

ሽሕ

1.000.000

мільйон

ሚልዮን

англійська

እንግሊዝኛ

американська англійська

አመሪካዊ እንግሊዛዊ

китайська
високочиновницька

ቻይናዊ ማንዳሪን

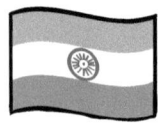

хінді

ሂንዳዊ

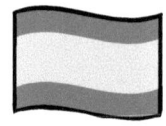

іспанська

እስጳኛዊ

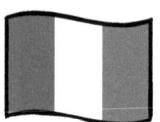

французька

ፈረንሳዊ

арабська

ዓረባዊ

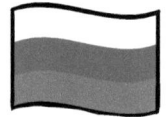

російська

ሩሲያዊ

португальська

ፖርቱጋላዊ

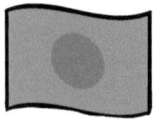

бенгальська

በንጋሊ

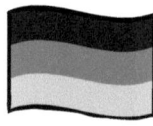

німецька

ጀርመናዊ

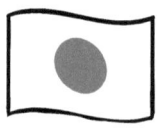

японська

ጃፓናዊ

я

ኣነ

ти

ንስኻ/ኺ.

він / вона / воно

ንሱ / ንሳ / ንሱ

ми

ንሕና

ви

ንስኻ

вони

ንሳቶም

хто?

መን?

що?

እንታይ?

як?

ከመይ?

де?

ኣበይ?

коли?

መዓስ?

ім'я

ሽም

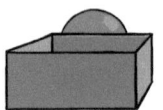

ззаду

ድሕሪ

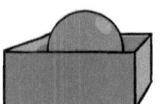

в

አብ

перед

አብ ቅድሚ

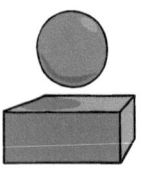

над

አብ ላዕሊ

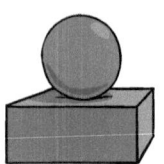

на

አብ ልዕሊ

під

ትሕቲ ምድሪ

біля

አብ ጥቓ

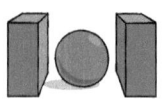

між

አብ መንጎ

місце

በታ